Exploration of Optimizing Primary School
Science Experimental Equipment

小学科学

实验器材优化探索

杨君◎著

浙江工商大学 出版社
ZHEJIANG GONGSHANG UNIVERSITY PRESS
·杭州·

图书在版编目（CIP）数据

小学科学实验器材优化探索 / 杨君著 . -- 杭州：浙江工商大学出版社，2025. 2. -- ISBN 978-7-5178 -6216-1

Ⅰ . G623.62

中国国家版本馆 CIP 数据核字第 2024CE9479 号

小学科学实验器材优化探索
XIAOXUE KEXUE SHIYAN QICAI YOUHUA TANSUO

杨君 著

策划编辑	刘 焕
责任编辑	刘 焕
责任校对	沈黎鹏
封面设计	胡 晨
责任印制	祝希茜
出版发行	浙江工商大学出版社
	（杭州市教工路 198 号 邮政编码 310012）
	（E-mail : zjgsupress@163.com）
	（网址 : http://www.zjgsupress.com）
	电话 : 0571-88904980，88831806（传真）
排 版	浙江大千时代文化传媒有限公司
印 刷	浙江海虹彩色印务有限公司
开 本	787 mm × 1092 mm 1/16
印 张	12.25
字 数	196千
版 印 次	2025年2月第1版 2025年2月第1次印刷
书 号	ISBN 978-7-5178-6216-1
定 价	76.50元

序言

当前，随着我国科学技术的不断发展，科学教育日益受到全社会的重视。科学教育的重点在于激发学生对科学的学习热情和探求真相的欲望，旨在培养学生独立思考、解决问题的能力，孕育科学思维和科学精神。在科学教育中，实验教学是十分重要的内容，是塑造科学素养的关键环节。

2022年，教育部发布了新修订的课程标准，即《义务教育科学课程标准（2022年版）》，明确提出了培养学生科学核心素养的目标，为科学实验教学提供了新的指导，督促教师深入挖掘实验室的"潜力"，通过直观、实践性的教学方式，增强学生对科学概念的理解，激发他们的批判性思维，提升其实践技能。虽然实验教学一直受到教师的重视，但由于受到各种条件的限制，其效果并未达到预期。在教学实践中，实验设备的质量与数量，实验技术的先进性与实用性，常常成为制约实验教学效果的关键因素，这也反映了改进实验器材的必要性。

作者基于自身多年来在小学科学实验器材改革领域的深入研究和实践经验，编写本书。他针对小学科学实验进行了大胆创新，包括自制器材的探索与实践、常见材料的选择与替代、新技术的引入与运用、新材料的组合与创新、项目学习的渗透与实施、趣味实验的构思与开发等内容，从而多维度优化了小学科学实验教学的实施方式。这不仅提高了教学资源的利用效率，更在本质上诠释和拓展了科学教育的理念。

　　阅读本书时，能感受到作者对实验器材优化工作的热忱与专注跃然纸上。他精准地考量实用、安全、创新和儿童心理发展规律的交叉点，制作出与小学生心智十分匹配的生动实验材料，体现了以学生为本的思想。书中还大力倡导运用日常生活用品开展实验，这不仅拉近了科学与生活的距离，让课堂趣味十足，也点燃了学生进行科学探索的热情，使学生能够在亲身实践中理解科学定律、掌握探究方法，进而提升科学素养。

　　本书内容对一线科学教师深入理解科学实验教学有很好的帮助，能够激发科学教师对实验器材优化进行更深入的研究与探讨，有利于提升小学科学实验教学的质量。希望在本书的启发下，科学实验教学会变得更加生动、有趣和有效，学生对科学的兴趣会更加浓厚，学生的科学素养会得到更好的提升。

喻伯军

2024 年 12 月

前言

QIANYAN

　　《义务教育科学课程标准（2022 年版）》（以下简称《课程标准（2022 年版）》）指出，科学教师要充分利用科学实验室进行教学，让实验室成为学生学习科学的主要场所，保证学生完成全部的必做实验。开展探究实践活动是科学课程的基本要求，《课程标准（2022 年版）》列出了义务教育阶段学生必做的探究实践活动，其中 1～2 年级有 13 个，3～4 年级有 31 个，5～6 年级有 34 个，7～9 年级有 48 个。在教师的精心组织与引导下，学生亲自参与科学实验并体会科学实验的魅力。这一过程不但能让学生系统、深入地掌握科学知识，加深其对知识的理解与记忆，而且能有效地培养学生的科学思维与探究实践能力。实验教学还能激发学生对科学学习的兴趣，提高学生的学习积极性，为他们形成扎实的科学素养奠定坚实的基础。

　　实验器材是科学实验教学的基本保障和重要支撑，其重要性不言自明。大量科学实验教学实践表明，实验器材的合理设计与高效使用对提升实验教学质量起着决定性作用。一套优质的实验器材不仅能够拓展实验的深度与广度，还能提升实验的探索性与趣味性，有助于打造出一节生动且富有成效的科学课，使学生在动手实践中提升核心素养。

　　随着基础教育领域对科学探究重视程度的不断提高，小学科学教师在实践教学方面，尤其是实验教学方面的需求日益增长。他们对高质量实验设备的要求也越来越高。虽然许多学校已经购置了大量的实验器材，然而相关调查表明，近九成的科学教师依旧认为现有的实验器材不足，难以满足实验教学多样化的需求。这一现实状况不仅限制了实验教学的充分开展，还阻碍了学生科学素养和探索能力的提升。因此，加大对实验器材等教学设施的投入，优化资源配置，简化实验设备的操作流程，已经成为当前小学科学教育亟待解决的问题。目前，实验教学主要存在以下 4个方面的矛盾：

1. 实验器材的匮乏与实验教学需求日益增长之间的矛盾

实验器材是科学实验教学的基础。特级教师章鼎儿在评课时曾提问："今天的科学课，如果只有教科书而没有实验器材，能上课吗？"与会教师都摇头表示不能。章鼎儿接着问："有实验器材但没有教科书能上课吗？"教师们点头表示可以。这体现出实验器材对科学实验课堂顺利开展的重要性。当前，实验器材的不足已经对科学教学形成阻碍，这让科学教师在追求科学教育目标时陷入困境。因此，我们要更加重视实验器材的配备与更新，为科学实验教学提供充足的物质支持。

2. 实验器材质量与实验精确度之间的矛盾

实验误差常常源于实验材料存在瑕疵或者实验操作出现错误。在进行科学实验时，我们应当充分考虑可能引起实验误差的各类因素，不断改进实验设备、优化实验器材，运用先进的数据收集与分析工具，并采取其他有效措施，最大限度地减小实验误差，提高实验的精确度，确保实验结果的可靠性，让实验数据能够更有力地支撑科学论断，从而提升科学研究的质量与效率。

3. 实验器材选择与实验现象呈现之间的矛盾

在小学科学实验教学中，正确选择实验器材是确保良好实验效果的关键。清晰且明显的实验现象对于学生理解科学实验至关重要。如果实验器材选择不当，可能会导致实验现象不明确、难以观察，学生在分析时就会感到困惑，无法进行深入的科学分析，这不仅会阻碍学生对科学原理的掌握，更不利于学生科学思维的拓展。因此，教师在选择实验器材时必须细致考虑，确保实验呈现出良好的效果，以便学生充分地观察、记录并进行分析讨论，促进学生积极参与实验并进行深入探究。这不仅能提高教学的有效性，还能激发学生的好奇心和探索欲，培养他们的科学素养和实践能力。

4.实验周期长与课堂时间有限之间的矛盾

当实验周期较长时，教师常常被迫简化或跳过某些实验环节，这显然削弱了实验教学的核心价值。许多长周期探究过程需要花费较长的时间，比如观察一天中影子的变化或月相的变化。然而，这与紧张的教学计划存在冲突。教师有时不得不简化甚至省略一些实验环节，转而侧重于实验结果的讲解，导致学生只能通过背诵、抄写等方式学习科学知识。虽然这种方式能够快速传授知识，但却剥夺了学生动手操作、亲身体验科学实验的机会。亲自进行实验操作并观察实验结果，对于深化知识理解、培养科学探究精神以及享受科学发现的乐趣是十分重要的。如果过分强调理论讲解，学生可能会错失在实验教学中获得思维训练和实践技能培养的机会。

为了在时间有限的情况下保证实验教学的完整性，我们可以通过优化实验材料、引入模拟实验以及利用延时摄影等技术手段，拓展教学空间，让学生体验完整的实验过程。这样既能确保教学质量与效果，又能在应对时间限制的挑战时坚守实验教学的初衷。

《课程标准（2022年版）》在"课程资源开发与利用"部分提出："教师应根据教学需要，本着科学合理、安全可靠的要求开发实验教具。充分利用日常用品和材料，开发创新科学实验，让实验更贴近生活，课堂更有趣，使学生有更多动手实验的机会。"

笔者正是基于这样的理念来编写本书的，希望能在一定程度上缓解上述 4 个方面的矛盾。

本书从自制器材的探索与实践、常见材料的选择与替代、新技术的引入与运用、新材料的组合与创新、项目学习的渗透与实施、趣味实验的构思与开发 6 个方面，深入探讨了优化小学科学实验器材的问题。笔者着重于提升实验器材的功效，确保实验器材具备一定的适应性、实用性和安全性，力求最大限度地满足学生的认知发展需求；倡导使用日常用品，把普通材料转化为珍贵的教育资源，使科学学习与现实生活紧密联系起来；努力开发具有引导性的实验器材，通过生动有趣的实验活动激发学生对科学探索的热情，激发他们对未知的好奇心，引导学生在探索中提出问题、解决问题，从而提升他们的创新思维和实践技能，为培养未来的创新人才奠定基础。

因笔者能力有限，书中难免存在一些不足之处，恳请读者提出宝贵意见和建议。

2024 年 12 月于杭州

目录 (MU LU

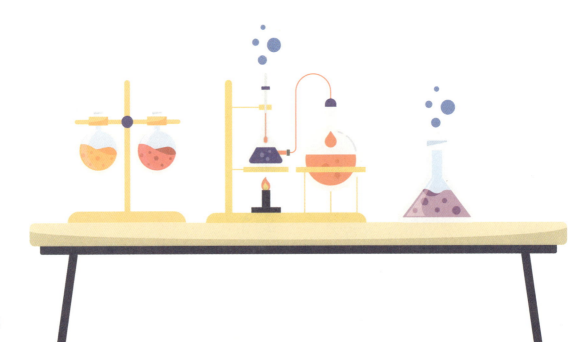

第一章

自制器材的探索与实践

　　自制器材是指根据教学需求，利用身边容易获取的材料，如纸张、塑料瓶、木棍等，通过创新设计和精心制作，把它们转化为有趣的实验器材。在课堂上，这些自制器材成为科学探索的工具。学生们在共同创造和使用自制器材的过程中，从观察者转变为探索者，提高了自身的实践技能、问题解决能力，增强了团队协作的意识。此外，自制器材具有一定的环保属性，这有助于启发学生的环保意识。自制器材是科学实验教学的有力帮手，它能够丰富科学实验课堂内容，激发学生的兴趣与好奇心，进而提高学生的科学核心素养。使用自制器材进行教学实践，可以有效提升科学教育的魅力，彰显科学教育的价值。

实验1-1　月相模拟演示仪

 实验目的

通过观察水浮式月相模拟装置，知道月相在一个月内从新月到满月再到残月的变化规律。

 设计意图

本实验使用黑色半球、白色半球、透明塑料杯、圆形磁铁和超轻黏土等材料，利用磁铁能指示南北方向的原理，控制黑白球方向不发生变化，让黑白球逆时针围绕观察者旋转一圈，呈现亮面从缺到圆再到缺的过程，从而模拟一个月的月相变化过程。

 实验材料

实验主要用到以下材料。如图 1-1-1。

| 黑、白半球 | 透明塑料杯 | 圆形磁铁 | 超轻黏土 |

图1-1-1

🔬 **实验过程**

步骤一： 将适量超轻黏土捏扁，分别放入黑、白半球下半部分。如图 1-1-2。

步骤二： 将圆形磁铁放在超轻黏土团上并稍往下压，使圆形磁铁竖直靠近黑色半球的边缘。如图 1-1-3。

步骤三： 将白色半球与黑色半球合起来，组成一个黑白球，模拟月球的亮面与暗面。如图 1-1-4。

图1-1-2   图1-1-3   图1-1-4

步骤四： 在透明塑料杯中加入适量的水，再将黑白球放在透明塑料杯中，使黑白球能竖直浮在水面上。如图 1-1-5。

图1-1-5

步骤五： 手持杯子,让该装置围绕观察者逆时针旋转一周,呈现黑白球亮面的变化。白色半球代表月球的亮面，刚好模拟了一个月的月相变化过程。

实验优点

1.月相模拟装置通过简单的材料组合，利用磁铁指示南北方向的原理，巧妙地使代表月球亮面的白色半球始终朝向同一方向，从而合理模拟出月相变化的过程。这一设计避免了原实验中需要依靠手指转动来调整黑白球方向的操作，显著降低了实验操作的难度，使实验过程更加直观和高效。

2.通过让黑白球围绕观察者旋转，直观地展示了月相从新月到满月再到残月的整个周期性变化，观察者能够清晰地看到一个月内不同阶段的月相。

注意事项

1.圆形磁铁应垂直放在黑白球内，保证磁铁能控制黑白球的方向。如果一个磁铁不能控制黑白球的方向，可增加磁铁的个数，增强磁铁的磁力。

2.在透明塑料杯中加入的水量要适中，确保黑白球能浮在水面上。

实验1-2 建立模型认识太阳系

实验目的

按一定比例对数据进行处理，建立太阳和 8 颗行星的模型，感受 8 颗行星相互之间、太阳与 8 颗行星之间的大小差异，感受太阳系天体之间的位置关系。

设计意图

将太阳系中的太阳及 8 颗行星的赤道直径数据按合适的同一比例缩小，确定模型的大小。用超轻黏土、泡沫球、沙滩球等材料模拟太阳系中的太阳及 8 颗行星。学生可以真切地感受到太阳系中 8 颗行星相互之间、太阳与 8 颗行星之间的大小差异。

实验材料

实验主要用到以下材料。如图 1-2-1。

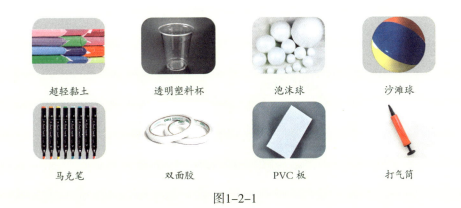

超轻黏土　　透明塑料杯　　泡沫球　　沙滩球

马克笔　　双面胶　　PVC 板　　打气筒

图1-2-1

 **实验过程**

步骤一： 根据太阳系中的太阳及 8 颗行星的赤道直径数据，选择合适的比例计算缩小后的直径，感受缩小至十亿分之一后的太阳及 8 颗行星的大小。太阳和 8 颗行星的赤道直径数据见表 1-2-1。

表 1-2-1

天体	赤道直径 / 万千米	缩小至十亿分之一后的直径 / 厘米
太阳	139.2	139.2
水星	0.49	0.49
金星	1.21	1.21
地球	1.28	1.28
火星	0.68	0.68
木星	14.28	14.28
土星	12.00	12.00
天王星	5.12	5.12
海王星	4.86	4.86

步骤二： 根据计算结果，选用大小合适的泡沫球来制作 8 颗行星模型，若没有大小合适的泡沫球，可以用超轻黏土来制作。如图 1-2-2。

图1-2-2

步骤三： 为了方便展示，将 8 颗行星模型分别粘在透明塑料杯的杯底上，在杯身贴上相应行星的名称，并将其按次序固定在一块 PVC 板上，对比 8 颗行星的大小。如图 1-2-3。

图1-2-3

步骤四： 将直径约为 140 厘米的沙滩球充满气，并涂上红色，模拟太阳，对比太阳与 8 颗行星的大小。如图 1-2-4。

图1-2-4

步骤五： 8 颗行星与太阳的距离数据见表 1-2-2。将 8 颗行星与太阳的距离数据按照同一比例缩小，根据缩小后的数据，对比 8 颗行星与太阳的距离。同时，可以将太阳与 8 颗行星的位置标注在比例尺合适的地图上，帮助学生建构太阳系的模型。

表 1-2-2

行星	与太阳的平均距离 / 万千米	缩小至十亿分之一后的距离 / 米
水星	5800	58
金星	10800	108
地球	15000	150
火星	22800	228
木星	77800	778
土星	142700	1427
天王星	287000	2870
海王星	449600	4496

实验优点

1. 该实验直观性强，相比于单纯用文字和图片介绍的方式，模型可以让学生更直观地理解太阳系的构成和各行星之间的相对位置关系。

2. 学生通过观察按照同一比例缩小的太阳系模型，不仅能发现太阳系中 8 颗行星之间大小相差明显，也会发现太阳与 8 颗行星的大小相差更大，与日常图片上看到的太阳系完全不同。

3. 通过将太阳系中的太阳及 8 颗行星的位置标注在比例尺合适的地图上，学生会发现太阳系是一个非常庞大且空旷的天体系统，从而对太阳系的空间产生新的认识。

注意事项

在制作 8 颗行星的模型时，需要注意控制超轻黏土的用量和形状，以确保模型比例的精确度。

实验1-3 **探究光的直线传播**

 实验目的

通过探究光能否穿过多个打孔挡板和观察激光的传播路线，知道光是沿直线传播的。

设计意图

本实验利用 KT 底板、软磁片和亚克力盒等材料制作一个光路研究装置，来探究光的传播方式。实验中，先通过观察光是否能穿过小孔来研究光的传播方式，再让激光穿过烟雾，显示激光的传播路线，从而证明光是沿直线传播的。

 实验材料

实验主要用到以下材料。如图 1-3-1。

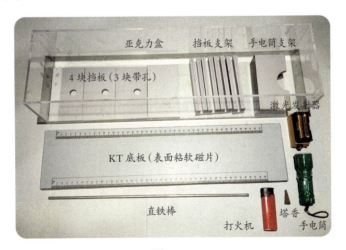

图1-3-1

 实验过程

步骤一： 将 4 块挡板插入挡板支架中，挡板支架的底部粘有软磁片，可以直接粘在 KT 底板上，其中无孔的挡板放在最右端。如图 1-3-2。

步骤二： 把手电筒支架通过软磁片吸在底板最左端，将手电筒放在手电筒支架上。如图 1-3-3。

步骤三： 关闭室内灯光，打开手电筒，调整 3 块有孔的挡板，使光穿过挡板上的小孔，直至光斑出现在最右端的无孔挡板上。如图 1-3-4。

图1-3-2　　　　　　　　　图1-3-3　　　　　　　　　图1-3-4

步骤四： 取下手电筒，用直铁棒验证 3 个小孔的位置关系，发现直铁棒能穿过这 3 个小孔，说明这 3 个小孔在同一直线上，从而证明了光能沿直线传播。如图 1-3-5。

步骤五： 取下直铁棒，将中间那块有孔挡板沿挡板支架向一侧滑动 2～3 厘米。如图 1-3 6。

步骤六： 将手电筒放回手电筒支架上，打开手电筒，此时最右侧的无孔挡板上没有出现光斑。如图 1-3-7。

图1-3-5　　　　　　　　　图1-3-6　　　　　　　　　图1-3-7

步骤七： 取下手电筒，再次尝试将直铁棒穿过挡板上的小孔，发现直铁棒不能同时穿过 3 个小孔，说明此时 3 个小孔不在一条直线上，证明了光不能沿弯曲的路线传播。如图 1-3-8。

步骤八： 取走挡板和挡板支架。将手电筒支架平放在底板最左端。点燃塔香，放在底板上。如图 1-3-9。

步骤九： 将激光发射器放在手电筒支架上并打开。如图 1-3-10。

图1-3-8   图1-3-9   图1-3-10

步骤十： 把亚克力盒倒扣在底板上，将烟雾收集起来，激光穿过烟雾时会显示一道红色的光线，这条红色的光线是笔直的，从而直观证明光是沿直线传播的。如图 1-3-11。

图1-3-11

🏅 实验优点

1. 在底板、手电筒支架和挡板支架上粘上软磁片，既能让挡板位置不随意滑动，又使得整个装置可以方便地移动和调整，比原实验更加稳定、更加便捷。

2. 实验中巧妙地引入了直铁棒，直铁棒可以帮助学生清楚地观察到挡板上 3 个小孔的位置关系，从正反两面来说明光是沿直线传播的。

3. 透明的亚克力盒既可以装实验材料，方便携带，又能在实验中将烟雾收集起来，显示激光的传播路线，一举两得。

注意事项

挡板上的小孔大小要合适，直径一般控制在 1～1.5 厘米。

 **实验1-4　探究光的折射**

 实验目的

通过观察光线从空气斜射入水中时的变化，知道光从空气斜射入水中时，光的传播路线会发生改变。

 设计意图

通过在水中滴入牛奶、在空气中点燃塔香产生烟雾等方法，可以使激光笔射出的光线可见。通过对光线的观察，学生能直观地感受到光从空气斜射入水中时光的传播路线发生了改变。

 实验材料

实验主要用到以下材料。如图 1-4-1。

| 塔香 | 透明塑料盒 | 热熔胶枪 | 支架 | 激光笔 | 打火机 |

图1-4-1

实验过程

步骤一： 用热熔胶枪将支架粘在透明塑料盒内壁上。如图 1-4-2。

步骤二： 在透明塑料盒中加入适量清水，再滴入几滴牛奶，搅拌均匀。如图 1-4-3。

图1-4-2

图1-4-3

步骤三： 用打火机点燃塔香，放在透明塑料盒内的支架上。如图 1-4-4。

步骤四： 盖上透明塑料盒的盖子，把烟雾收集起来。如图 1-4-5。

步骤五： 打开激光笔，让激光从空气斜射入水中，可以观察到光从空气斜射入水中时光的传播路线。如图 1-4-6。

图1-4-4

图1-4-5

图1-4-6

实验优点

1. 在透明塑料盒内壁安装支架，把塔香放在支架上并点燃，巧妙地借助塔香产生的烟雾，显示激光在空气中的传播路线。

2. 借助在水中滴牛奶的方法，显示激光在水中的传播路线。

3. 利用透明塑料盒，让激光从空气射入水中的偏折现象可视化，帮助学生直观地观察到光的折射路径和方向。

注意事项

1. 当透明塑料盒内烟雾过多时会导致激光显示不够清晰，此时可以稍微打开盒盖，减少盒内的烟雾，也可以提前熄灭塔香。

2. 在水中滴加牛奶的量无须过多，让清水略显不透明即可。在清水中加入少量粉笔灰或茶水，也能呈现相同的效果。

 **实验1-5** **圆木制作独木舟的模拟**

 实验目的

通过用白萝卜制作一艘小小"独木舟",认识到用圆木制成的独木舟具有载重量更大、稳定性更好以及能防止货物被浸湿等优点。

 设计意图

在实验中,通过用白萝卜制作"独木舟"来模拟用圆木制作独木舟的过程,学生能够了解独木舟的制作方法和过程。测试"独木舟"后,学生能认识到用圆木制成的独木舟具有更大的载重量、更好的稳定性,并且装载的货物不会被水浸湿。

 **实验材料**

实验主要用到以下材料。如图 1-5-1。

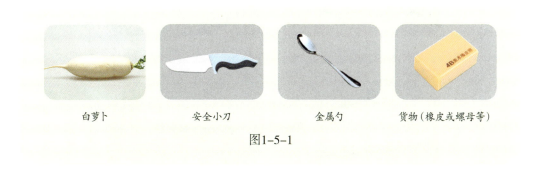

| 白萝卜 | 安全小刀 | 金属勺 | 货物(橡皮或螺母等) |

图1-5-1

 **实验过程**

步骤一： 将一个白萝卜切掉头尾（模拟圆木），放在水面上，在其上方增加货物，观察白萝卜载重的情况。如图 1-5-2。

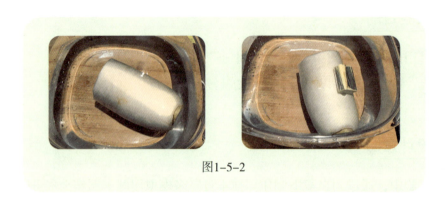

图1-5-2

步骤二： 使用小刀、金属勺等将白萝卜中部半挖空，制成独木舟的形状。如图 1-5-3。

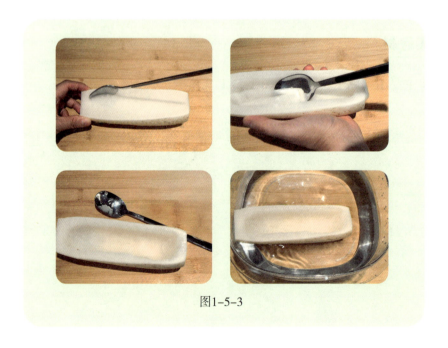

图1-5-3

步骤三：将制作完成的白萝卜"独木舟"，放入水中，测试其载重量及稳定性。
如图 1-5-4。

图1-5-4

步骤四：将测试的结果记录在表 1-5-1 中。

表 1-5-1

挖空前载重量测试（用圆圈表示货物摆放方式）	稳定情况（在□内画"√"）	挖空后载重量测试（用圆圈表示货物摆放方式）	稳定情况（在□内画"√"）
	□稳定 □侧翻		□稳定 □侧翻
	□稳定 □侧翻		□稳定 □侧翻
	□稳定 □侧翻		□稳定 □侧翻
想一想：古人挖空圆木制成独木舟，有哪些突破？			

实验优点

1.利用生活中常见的白萝卜来模拟圆木，让学生将白萝卜挖成独木舟的形状，这比用圆木制作独木舟更简单，符合学生的动手实践水平，强化了学生的实践能力。

2.通过模拟圆木制作独木舟的过程，认识圆木改造成独木舟的优势，感受古代劳动人民的聪明智慧。

注意事项

1.白萝卜也可以用其他蔬菜代替，比如黄瓜、杏鲍菇等。

2.使用小刀或金属勺时，要注意安全，也可以戴上防割手套进行操作。

3.中部挖空时，用力不宜过大，每一次挖空一小部分，分多次挖空，注意保持挖空部位的对称。

4.在测试白萝卜和"独木舟"的载重量和稳定性时，可通过多种货物摆放方式，充分感受圆木和独木舟的载重量和稳定性的差别。

实验1-6 用小螺母测量条形磁铁的磁力

 实验目的

通过探究条形磁铁不同部位对不同距离小螺母的吸引情况，知道条形磁铁的磁力两端强、中间弱的特点。

 设计意图

本实验通过自制测磁力卡，用小螺母测量条形磁铁不同部位的磁力，根据吸引小螺母时的小螺母距磁铁的远近判断条形磁铁不同部位的磁力大小。吸引的小螺母距离越远，磁力越强；吸引的小螺母距离越近，磁力越弱。

 实验材料

实验主要用到以下材料。如图1-6-1。

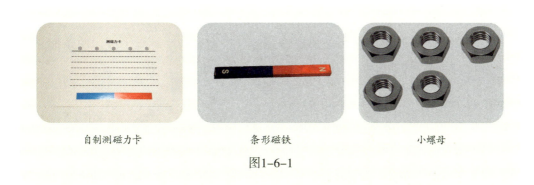

自制测磁力卡　　　　　　条形磁铁　　　　　　小螺母

图1-6-1

实验过程

步骤一： 将小螺母摆放在测磁力卡的相应位置。如图 1-6-2。

步骤二： 将条形磁铁从测磁力卡下部标示的起始位置沿平行标线缓慢上移，靠近小螺母。如图 1-6-3。

步骤三： 移动条形磁铁的过程中，观察小螺母被吸引的情况。条形磁铁能吸引小螺母时，小螺母离磁铁的距离越远说明该处磁力越强，距离越近说明该处磁力越弱。如图 1-6-4。

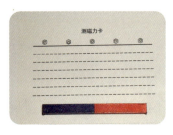　　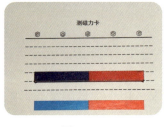　　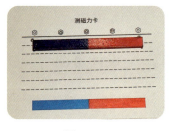

图1-6-2　　　　　　　　　　图1-6-3　　　　　　　　　　图1-6-4

 实验优点

　　1.用小螺母代替原实验的回形针，能有效地减小实验误差。回形针的长度长，不同位置的回形针与测磁力卡之间产生的最大静摩擦力不同，导致实验效果不理想。小螺母相对更小，稳定性更好，更容易达到理想的实验效果。

　　2.使用小螺母，解决了回形针摆放方向有差异的问题，消除了不同摆放方向产生的实验误差，降低了实验操作难度，提高了实验的稳定性。

　　3.用测磁力卡辅助学生将条形磁铁缓慢、稳定地向小螺母平移，使条形磁铁各个部位与小螺母的距离几乎相同，提高了实验的科学性。

注意事项

　　1.要将条形磁铁和小螺母放在相应的位置来确保实验的准确性。

　　2.移动条形磁铁时要缓慢平移，与标线保持平行。

　　3.最中间的小螺母可能无法被吸引，如果学生对条形磁铁中间部分是否有磁性产生争议，可以用细线把小螺母悬挂起来，再用条形磁铁中间部分轻轻靠近，观察小螺母是否能被吸引。

 **实验1-7 用钢珠测量条形磁铁的磁力**

实验目的

　　用条形磁铁的不同部位去吸引钢珠，根据钢珠被吸引时离磁铁距离的远近，判断条形磁铁不同部位的磁力强弱，让学生感受到条形磁铁有的部位的磁力较强，有的部位的磁力较弱。

设计意图

　　在鼠标垫上标上刻度做成自制测磁力垫，将钢珠放在测磁力垫标示的位置上，用条形磁铁的不同部位去吸引钢珠，观察并记录钢珠被吸引时与磁铁的距离，从而判断条形磁铁各个部位的磁力。钢珠被吸引时与磁铁的距离越远，说明该部位磁力越强，被吸引时与磁铁的距离越近，说明该部位磁力越弱。帮助学生理解条形磁铁两端磁力强，中间磁力弱的特点。

实验材料

　　实验主要用到以下材料。如图 1-7-1。

| 钢珠 | 测磁力垫 | 条形磁铁 |

图1-7-1

实验过程

步骤一： 制作测磁力垫。在普通鼠标垫上标上刻度和钢珠位置，为了帮助学生更简便地测量距离的远近，用格数代替距离长度，每 2 毫米为一小格，每 5 个小格组成一大格。如图 1-7-2。

图1-7-2

步骤二： 将钢珠摆放在测磁力垫上标示"钢珠"的小圆圈内，用条形磁铁的一端慢慢靠近钢珠，观察距离为多少格时，钢珠正好能够被吸引，将结果记录下来。如图 1-7-3。

图1-7-3

步骤三： 改变条形磁铁的摆放方式，用步骤二的方法测出条形磁铁其他 4 个部位能吸引钢珠时钢珠与磁铁的距离。如图 1-7-4。

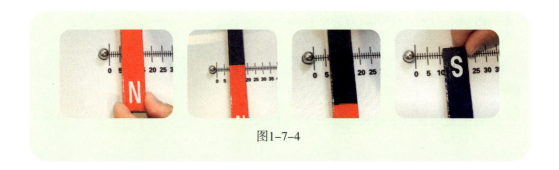

图1-7-4

步骤四： 根据实验结果，在学习单内分别画出条形磁铁 5 个部位吸引钢珠时钢珠的位置，并用直线将相邻的钢珠位置用线连起来，深入探索条形磁铁不同部位的磁力强弱。如图 1-7-5。

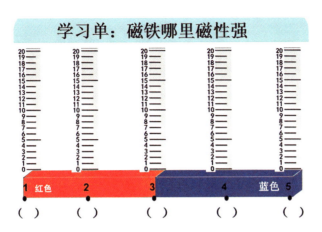

说明：①括号内填上钢珠被吸引时距离磁铁的格数；②画出钢珠所在的位置；③把5个钢珠用直
线连起来。

图1-7-5

实验优点

1. 钢珠在受到条形磁铁较小的吸力时就能被吸引过去，比用条形磁铁吸引回形针的实验效果好，灵敏度更高。

2. 将刻度条标在鼠标垫上，刻度条不用"厘米"或者"毫米"作单位，而用格数表示距离，符合低年级学生的认知，方便学生读数。学生可以通过比较条形磁铁吸引钢珠时钢珠距磁铁的格数多少来判断磁力强弱。

3. 学习单的设计非常巧妙，将钢珠位置用直线连接后，学习单上便形象地展示出条形磁铁不同部位磁力的强弱，形成了条形磁铁磁力的"V"字形折线图。

注意事项

1. 移动条形磁铁时，缓慢靠近钢珠，获得的结果更准确。

2. 对条形磁铁同一部位磁力大小的测试，可以重复2～3次，以提高实验的准确性。

3. 每次做实验，钢珠都要换新的，以免钢珠被磁化，影响实验效果。

实验1-8 空气质量演示器

实验目的

使用经改进的简易天平对空气进行称量，让学生知道空气是有质量的。将一定量空气的质量转换成小螺母的质量，让学生认识到一定量的空气和一定数量小螺母的质量是相当的，从而感受空气质量的大小。

设计意图

在简易天平的杠杆尺上加装激光发射头和水平泡，通过水平泡中空气泡的位置变化来判断天平是否平衡。激光照射到墙壁上形成光斑，杠杆尺的轻微变化都可以反映在光斑位置的移动上。利用气嘴等将矿泉水瓶改造成储气瓶，可以充入或排出空气，改变储气瓶内空气的量。经改进的简易天平能较准确地测出一定体积的空气质量，由此，学生不仅知道了空气有质量，而且能直观感受空气质量的大小。

实验材料

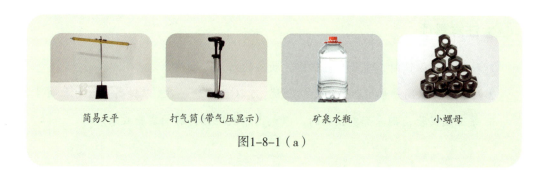

| 简易天平 | 打气筒(带气压显示) | 矿泉水瓶 | 小螺母 |

图1-8-1（a）

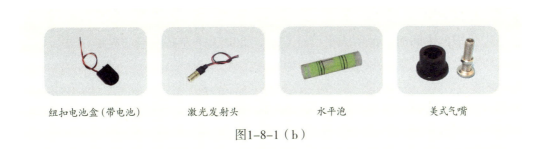

纽扣电池盒（带电池）　　激光发射头　　　水平泡　　　美式气嘴

图1-8-1（b）

实验主要用到以下材料。如图 1-8-1（a）（b）。

 **实验过程**

步骤一：改进简易天平。将纽扣电池盒与激
光发射头连接并安装在简易天平的
杠杆尺中间，在简易天平杠杆尺下
方粘上水平泡。如图 1-8-2。

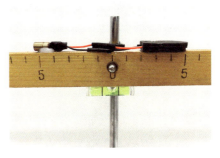

图1-8-2

步骤二：将矿泉水瓶改造为储气瓶。在 4 升
矿泉水瓶瓶盖中间钻一个孔，美式气嘴便刚好能穿过小孔。将美式气嘴
穿过矿泉水瓶瓶盖，并用热熔胶固定。如图 1-8-3。将改造好的瓶盖拧
回矿泉水瓶上。如图 1-8-4。

步骤三：在杠杆尺左端挂上储气瓶，右端挂上塑料杯。如图 1-8-5。

图1-8-3　　　　图1-8-4　　　　　　图1-8-5

步骤四： 在塑料杯中加入小螺母，观察水平泡中空气泡的位置。当空气泡在水平泡的中间时，说明天平已经平衡，此时天平左右两端的质量相等。如图1-8-6。

步骤五： 打开纽扣电池盒的开关，让激光照射到墙壁上，并在光斑位置做好标记。如图1-8-7。

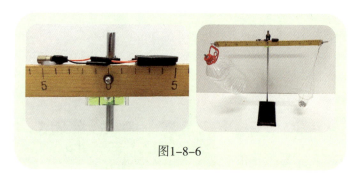

图1-8-6　　　　　　　　　　　　　图1-8-7

步骤六： 取下储气瓶，用打气筒往里面充气，直至打气筒气压表显示2巴（1巴约为10^5帕）为止。矿泉水瓶的体积约为4升，当打气筒气压表显示为2巴时，充入的空气体积约为8升。如图1-8-8。

步骤七： 将充气后的储气瓶挂回杠杆尺的左端，杠杆尺发生了倾斜，天平不再是平衡状态。此时可观察到杠杆尺左端下垂，水平泡里的空气泡向右移动，激光照射在墙壁上的斑点往下偏离了原有的标记。这说明空气是有质量的。如图1-8-9。

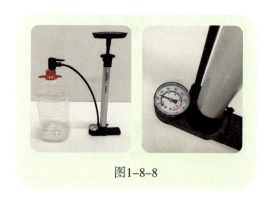

○ 原来的标记点

○ 新的标记点

图1-8-8　　　　　　　　　　　图1-8-9

步骤八： 再向塑料杯中放小螺母，每增加一个小螺母，照射在墙壁上的光斑就会上移一些，直至回到原来的标记处，此时水平泡里的空气泡也回到中间位置，天平再次平衡。如图 1-8-10。

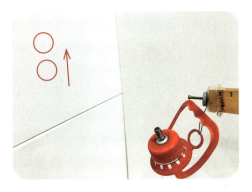

图1-8-10

步骤九： 记录增加的小螺母的数量，增加螺母的质量等于充入储气瓶的空气的质量。为了直观地感知到充入储气瓶的空气的量，可以将储气瓶的气嘴对准塑料袋后排出，此时塑料袋收集到的空气质量和增加的小螺母质量是相当的。把增加的小螺母放在电子秤上称量，称出增加的螺母的质量为10.4 克，也就是说塑料袋收集到空气的质量为 10.4 克。如图 1-8-11。

图1-8-11

实验优点

1. 在杠杆尺上加装水平泡，方便学生观察天平是否平衡。学生可以通过观察空气泡的位置来判断杠杆尺两端物体的轻重。

2. 学生可以通过在杠杆尺上安装激光发射头，观察激光照射点的位置变化，从而发现杠杆尺两端物体的轻重变化。尤其是在增加小螺母的过程中，每增加一个小螺母，杠杆尺的轻微变化都能通过激光照射点位置的变化反映出来。

3. 绿豆的大小不一，质量存在较大差异，而小螺母的质量基本相同，本实验用小螺母代替原实验中的绿豆，科学性更高。

4. 用小螺母的质量代表空气的质量，让学生产生具体的认知，感受到一定量的空气和一些小螺母的质量是相当的，符合学生的认知特点。

5. 用矿泉水瓶作为储气瓶，充气前后矿泉水瓶的体积变化不大，可以排除空气浮力对实验结果的影响。

6. 实验精准度高。例如，实验中得到约 8 升空气的质量为 10.4 克，可以计算出空气的密度约为 1.3 克 / 升，与实际空气密度为 1.293 克 / 升的数值非常接近。

注意事项

1. 放置杠杆尺时可以适当远离墙面，这样激光的照射距离较远，斑点位置变化较明显，可以进一步提高实验的精确度。

2. 矿泉水瓶要选择体积稍大的，本实验选用 4 升的矿泉水瓶作为储气瓶。储气瓶的体积越大，增加相同的气压时能充入的气体就越多，杠杆尺的偏转越明显。

3. 给储气瓶充气不要超过 4 巴，一般为 2～2.5 巴，以免储气瓶发生炸裂。

实验1-9 认识二氧化碳的性质

 实验目的

通过观察二氧化碳性质探究仪中不同位置蜡烛的熄灭情况，推断二氧化碳具有比空气重、能灭火的性质。

 设计意图

在自制的二氧化碳性质探究仪中，放置了 2 支点燃的蜡烛，1 支在气体出口的上方，1 支在气体出口下方。小苏打和白醋反应产生的二氧化碳流出后，观察到气体出口上方的蜡烛没有熄灭，而下方的蜡烛熄灭了，从而可以推断二氧化碳不仅能灭火，还比空气重。

实验材料

实验主要用到以下材料。如图 1-9-1。

二氧化碳性质　　　小苏打　　　　白醋　　　　蜡烛　　　　打火机
探究仪

图1-9-1

实验过程

步骤一： 设计并制作二氧化碳性质探究仪。二氧化碳性质探究仪由几块不同尺寸的亚克力板粘在一起制成，其设计图纸和成品如图1-9-2。

图1-9-2

步骤二： 在二氧化碳性质探究仪右侧的上、下搁板上各放 1 支蜡烛，并点燃。如图 1-9-3。

步骤三： 在二氧化碳性质探究仪左侧反应格内倒入适量白醋。如图 1-9-4。

图1-9-3　　　　　　图1-9-4

步骤四：在二氧化碳性质探究仪左侧反应格内倒入少量小苏打，盖上左侧顶部的盖子，让产生的气体从中间的缺口向右侧流出。如图1-9-5。

步骤五：观察蜡烛的熄灭情况。如图1-9-6。

图1-9-5　　　　　　　　　图1-9-6

实验优点

1.通过观察蜡烛的熄灭情况，能让学生更直观地理解二氧化碳能灭火以及比空气重的特性，也有助于学生加深对二氧化碳性质的理解。

2.在同一装置中不同位置同时放置2支点燃的蜡烛，将二氧化碳对2支蜡烛的影响形成对比，气体出口上方的蜡烛没有熄灭，而下方的蜡烛熄灭了。这种对比使实验结果更加清晰直观，也能培养学生的科学实验意识。

注意事项

加入的白醋和小苏打不宜过多，可以少量多次加入，防止产生大量气体时，液体冲到二氧化碳性质探究仪右侧，影响实验效果。

第二章

常见材料的选择与替代

　　常见材料的选择与组合主要是对身边已有的材料或工具进行甄选和组合来做科学实验，如利用分盐罐、咖啡袋等材料，不仅能节约准备时间，降低成本，简化实验操作，还能促进资源的有效利用，突出实验效果，提升实验的科学性、探究性、趣味性和实践性。

实验2-1 几种分食盐的工具比较

实验目的

选择合适的分食盐工具以提高分食盐时的精度，加快分食盐的速度，使"测量 100 毫升水中能溶解多少食盐"实验的数据更精确。

设计意图

在日常教学中，很多实验都需要进行分食盐的操作。例如，在"测量 100 毫升水中能溶解多少食盐"实验中，需要将 20 克食盐平均分成 8 份。如果分食盐的工具选择不当，会导致不同份的食盐质量不同。因此，本实验研究了多种分食盐的工具，并进行一一比较，分析各自的优缺点，从而根据不同的实验情况，选择合适的分食盐的工具，提高实验的准确性和速度。

实验材料

实验主要用到以下材料。如图 2-1-1。

药匙　　　　电子称量勺　　　可调节量勺　　　计量勺　　　按压式分盐罐

图2-1-1

 **实验过程**

方法一： 在药匙中装满食盐，然后用直尺刮平，这样就能保证每一份食盐的质量基本相同。如图 2-1-2。

图2-1-2

方法二： 用可调节量勺取一定量的食盐，轻推至所需食盐质量对应的档位，装满食盐后用直尺刮平。此方法可以得到不同质量的食盐。如图 2-1-3。

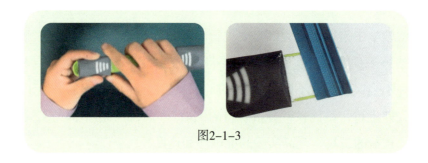

图2-1-3

方法三： 用不同大小的计量勺取所需质量的食盐。选取对应计量勺，装满食盐后用直尺刮平。此方法也可以得到不同质量的食盐。如图 2-1-4。

方法四： 打开电子称量勺，然后用勺子取一定量的食盐，电子称量勺上会显示食盐的质量。这个方法可以得到该电子称量勺测量范围内任意质量的食盐。如图 2-1-5。

图2-1-4

图2-1-5

方法五： 用按压式分盐罐取一定质量的食盐。在按压式分盐罐里装满食盐，然后充分摇晃分盐罐，用力按压分盐罐，让食盐从底部落下。这样，每次都能得到相同质量的食盐。如图2-1-6。

图2-1-6

各种分食盐的工具有不同的优缺点。药匙：操作简便，成本低廉，但无法快速称取不同质量的食盐。可调节量勺和计量勺：可称取不同质量的食盐，但精度较低。电子称量勺：在称取食盐时精度较高，但每次称取的质量并不一致，计算食盐总质量时比较麻烦。按压式分盐罐：每次按压称取的食盐质量基本相同，但操作会有一定难度。

🏅 实验优点

1.在不同的实验中，选择合适的分食盐的工具进行实验，比如药匙更适合学生完成分食盐的操作，按压式分盐罐更适合教师提前将食盐分成需要的份数，再分发给学生。

2.通过合理使用这些分食盐的工具，能快速取到所需质量的食盐，保证每一份食盐的质量基本相同，获得的实验数据更精确。

🔗 注意事项

1.使用按压式分盐罐时需要充分摇晃后再按压，否则影响称量的精准度。

2.不同品牌的食盐颗粒大小不同，密度也不同，在分好食盐后可用电子秤称出其中一份食盐的质量，这样在"100毫升水中能溶解多少食盐"的实验中，便可准确计算出结果。

实验2-2   制作冰块

实验目的

将冰袋中的冰块分给学生进行分组实验，学生利用冰块进行实验探究。

设计意图

在日常教学中，很多实验都需要使用冰块。教师可以将冰袋装水进行冷冻，制取大量冰块，供教学使用。冰袋装水后能自动封口，而且自带分隔区，方便教师将冰块直接分发给学生进行实验。

实验材料

实验主要用到以下材料。如图 2-2-1。

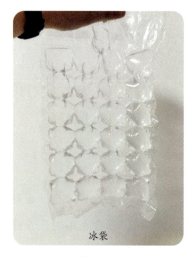

冰袋

图2-2-1

实验过程

步骤一： 往冰袋中加入水，装满水后按压袋口，冰袋会自动封口。倒置冰袋检查，确保冰袋不漏水。如图 2-2-2。

图2-2-2

步骤二： 将冰袋放入冰箱冷冻 48 小时左右，保证冰袋里的水完全结冰。

步骤三： 将冰块用泡沫保温箱或铝箔保温袋装起来，在上课时分成小块分发给学生进行小组实验。如图 2-2-3。

图2-2-3

实验优点

1.冰袋自带封口功能，装满水后可以直接放入冰箱冷冻。冰袋还自带分隔区，结冰后能直接分成若干个小冰块。冰袋不仅简化了制冰的过程，还便于教师分发，能更好地满足实验教学的需求。

2.冰袋结冰后，可以用泡沫保温箱或者铝箔保温袋装起来，方便携带。

注意事项

1.冰袋装满水后一般应冷冻48小时左右，这样才能保证所有水都结冰。

2.如果冰块需要较长时间保存，可放在泡沫保温箱或铝箔保温袋内，一般可以保持6小时左右不融化。

实验2-3 分离食盐水中的沙子

 **实验目的**

用咖啡滤袋分离食盐水中的沙子，成功将沙子从食盐水中分离出来，知道过滤能将不能溶解在水中的物质分离出来。

 **设计意图**

咖啡滤袋是一种冲泡咖啡时过滤咖啡渣的工具，通常由滤布或者滤纸制成。本实验利用咖啡滤袋，让学生把沙子从食盐水中分离出来，帮助他们理解过滤原理、掌握不同物质的分离方法。

 **实验材料**

实验主要用到以下材料。如图 2-3-1。

挂耳咖啡滤袋

烧杯

食盐水与沙子的混合物

图2-3-1

 **实验过程**

步骤一：沿着边缘线撕开挂耳咖啡滤袋的上部。如图 2-3-2。

图2-3-2

步骤二：将挂耳咖啡滤袋拉开，挂在烧杯上。如图 2-3-3。

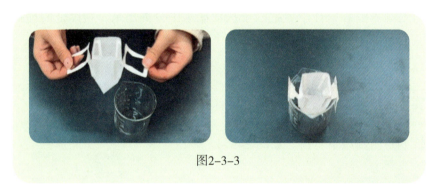

图2-3-3

步骤三：向挂耳咖啡滤袋中倒入热水，使挂耳
咖啡滤袋底部充分浸湿。如图 2-3-4。

步骤四：待挂耳咖啡滤袋内的水全部流出后，
再向挂耳咖啡滤袋中缓慢倒入食盐水
和沙子的混合物。这样，就能成功将
沙子从食盐水中分离出来。如图 2-3-5。

图2-3-4

图2-3-5

实验优点

1. 实验使用生活中常见的咖啡滤袋，简单操作就可完成过滤实验，避免了原过滤实验中烦琐的操作，提高了过滤实验的成功率。

2. 生活中常见的咖啡滤袋是一种容易获得且高效的实验工具，为教学提供了简便又实用的物质分离方法。

注意事项

1. 向咖啡滤袋中倒入食盐水与沙子混合物之前，须用热水将咖啡滤袋底部充分浸湿。

2. 进行分离的容器（如烧杯）需具有一定的高度。将食盐水和沙子的混合物完全倒入咖啡滤袋，待食盐水全部流入容器中后，咖啡滤袋底部应仍然高于液面。

实验2-4 地球的内部结构模型

实验目的

通过制作地球内部结构的模型，了解地球内部结构，知道地球从表面到地心可以分为地壳、地幔、地核 3 个圈层，知道 3 个圈层的厚度不同。

设计意图

通过在泡沫半球上绘制地壳、地幔和地核 3 个圈层，感受地壳、地幔和地核的不同厚度，知道地壳很薄，地幔和地核相对地壳要厚得多。

实验材料

实验主要用到以下材料。如图 2-4-1。

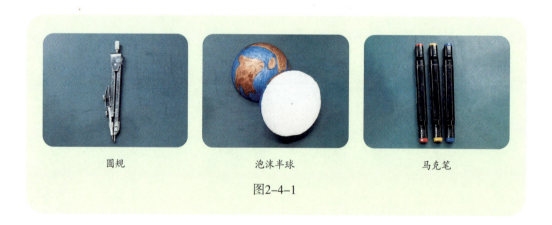

圆规　　　　　　　　泡沫半球　　　　　　　　马克笔

图2-4-1

 **实验过程**

步骤一： 找到泡沫半球切面的中心，以中心为圆心，用圆规画出地核与地幔之间的分界线。分界线内表示地核区域，分界线外表示地幔与地壳区域。如图 2-4-2。

步骤二： 用蓝色马克笔沿泡沫半球切面的外圈边缘画一圈，表示厚度最薄、温度最低的地壳。如图 2-4-3。

图2-4-2

图2-4-3

步骤三： 在地壳和分界线之间区域涂上黄色，表示温度较高的地幔。如图 2-4-4。

步骤四： 在分界线内的区域涂上红色，表示温度最高的地核。如图 2-4-5。

图2-4-4

图2-4-5

实验优点

1.该实验采用泡沫半球来展示地球内部结构，比原实验用 3 种不同颜色的橡皮泥制作内部结构的方法更简单，更容易模拟地球内部的圈层。

2.在利用泡沫半球制作的地球结构模型中，地壳、地幔和地核的厚度能更准确地反映真实的地球内部结构。

3.泡沫半球相对于橡皮泥，材质更加硬挺，更容易保存，不易变形。

注意事项

1.选择的泡沫球大小要合适，不宜太大，以免涂色时间过长，一般选择直径为 5～6 厘米的比较合适。

2.地壳不能画得太宽，一般沿泡沫半球边缘画窄窄的一圈蓝色线表示地壳。

 **实验2-5** 模拟火山喷发

 实验目的

观察火山喷发模拟装置模拟的火山喷发现象，直观感受火山喷发。

 设计意图

学生平时很难直接观察到火山喷发的真实过程，通常只能通过图片和视频来了解。通过利用火山喷发模拟装置进行实验，学生可以近距离观察到模拟的火山喷发现象，进一步加深对火山喷发的理解。

 实验材料

实验主要用到以下材料。如图 2-5-1。

火山喷发模拟装置

图2-5-1

 **实验过程**

步骤一：将火山喷发模拟装置倒置数秒。如图 2-5-2。

步骤二：待火山喷发模拟装置内所有的航空砂都落下后，将其快速翻转回来，就能观察到模拟的火山喷发现象。如图 2-5-3。

图2-5-2

图2-5-3

 **实验优点**

1. 该火山喷发模拟装置操作简单，模拟了火山喷发时岩浆从火山口喷出的现象，解决了教学中只能通过图片和视频等向学生展示火山喷发现象的困难。

2. 利用火山喷发模拟装置，学生能够观察到"岩浆"如何从火山口喷出，这样的教学更直观、生动，能提高他们对科学学习的兴趣。

注意事项

1. 倒置火山喷发模拟装置后，须待全部的航空砂都落下后，再将火山喷发模拟装置快速翻转回来，否则实验现象会非常不清晰。

2. 实验操作前，教师需指导学生正确使用火山喷发模拟装置，避免过度摇晃而摔落，损坏装置。

实验2-6 测量杠杆的用力大小

实验目的

通过杠杆撬动重物的实验，知道：支点距离阻力点越近，杠杆越省力；支点距离用力点越近，杠杆越费力。

设计意图

本实验主要引入了一种拉压两用的测力计，利用拉压测力计可以直接测量出压力的大小。使用杠杆撬起同样的重物，当支点位置改变时，压力大小也会改变，通过测量压力的大小并分析数据，知道杠杆省力的秘密。

实验材料

实验主要用到以下材料。如图2-6-1。

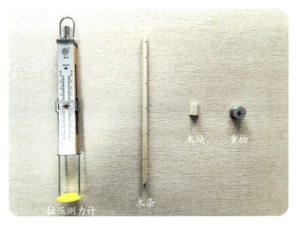

图2-6-1

 实验过程

步骤一： 将木块置于木条下面作为支点，将砝码置于木条的最右端作为重物，组
装一个杠杆装置。如图 2-6-2。

图2-6-2

步骤二： 用拉压测力计在木条的最左端慢慢向下
按压，当木条最右端的砝码刚好被撬起
离开桌面时，读取拉压测力计的示数。
如图 2-6-3。为了数据的可靠性，可重
复测量 3 次，取中位数，并记录在表
2-6-1 中。

图2-6-3

表 2-6-1

实验记录单					
实验次数	支点位置	压力大小			
		示数1	示数2	示数3	中位数
1					
2					
3					
4					

步骤三： 如图 2-6-4，改变木块的位置，重复步骤二的方法，多次测量木块在不同位置时拉压测力计的示数，并将实验数据记录在表 2-6-1 中。

图2-6-4

实验优点

1.普通测力计往往只能测拉力，不能测压力，而拉压测力计既能测拉力，又能测压力，适合本实验中需要测量施加在杠杆左端的压力的情况。

2.学生用拉压测力计在木条最左端施加压力，就可以直接读取测量结果。这种简单的操作方式不仅降低了操作难度，还提高了测量的效率。

注意事项

1.测量前，要观察拉压测力计的指针是否在"0"刻度上，不在"0"刻度时，可转动上端的调节螺旋，使指针指向"0"刻度。

2.要在砝码刚好被撬起离开桌面且拉压测力计的示数稳定时读取数据。

 实验2-7　温度不同的物体相互接触

 实验目的

通过使冷水和热水相互接触，并测量水温的变化，知道热可以从一个物体传递到另一个物体，且通常是从温度较高的物体向温度较低的物体传递，最终达到平衡。

设计意图

为了研究热水和冷水接触后温度的变化，原实验将装冷水的试管放入装热水的烧杯中，再测量热水和冷水的温度变化，实验操作复杂，学生操作有难度。本实验使用双格双管杯，将热水和冷水分别装入双格双管杯的两侧，再用数显温度计同时测量热水和冷水的温度变化情况并记录，实验操作简便，实验数据更加精确，为后续的研讨做充分的准备。

 实验材料

实验主要用到以下材料。如图 2-7-1。

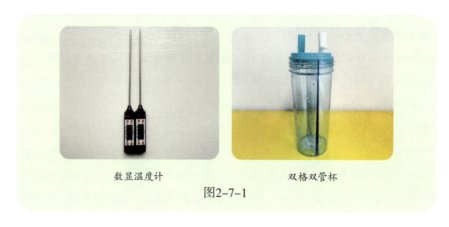

数显温度计　　　　　　　　双格双管杯

图2-7-1

实验过程

步骤一： 双格双管杯的杯盖自带 2 个小孔，刚好可以将数显温度计分别插入其中。如图 2-7-2。

步骤二： 在双格双管杯的两侧分别加入 200 毫升左右的热水和冷水。如图 2-7-3。

步骤三： 盖好杯盖，观察，每隔 2 分钟左右记录一次数显温度计的示数。同时还可以用手触摸杯子外壁，感受热水和冷水的冷热变化。如图 2-7-4。

图2-7-2

图2-7-3

图2-7-4

实验优点

1.将温度计插入杯盖上的小孔，无须一直手持温度计，降低了实验操作的难度。

2.用数显温度计代替传统温度计，方便读取温度，实验数据更加精确。

3.使用双格双管杯，可以直接将热水和冷水加入杯中，简化了实验步骤。

注意事项

观察较长一段时间以后，如果双格双管杯中两边的温度仍无法达到完全平衡，可以让学生根据已经观察到的温度变化情况预测后续的温度变化趋势。

实验2-8　钻木取火

实验目的

尝试用经过改进后的钻木取火方式来生火，知道在摩擦过程中，动能转化成了热能。

设计意图

钻木取火是一种古老的取火方式，其基本原理为通过摩擦产生热量，使引燃材料达到燃点从而生火。然而，在实际操作中，学生往往难以通过传统的钻木取火方式来生火，因为这个过程需要大量的体力和技巧。为了解决这个问题，本实验采用了学生身边常见的化学物质——高锰酸钾和白糖。高锰酸钾是一种强氧化剂，而白糖（主要成分是蔗糖）是一种可燃物质。将两者混合后，利用传统的钻木取火方式产生的热量，可以更容易地引发高锰酸钾和白糖之间的化学反应，从而产生火焰。这种方法不仅提高了实验的成功率，而且有助于加深学生对摩擦生热原理的理解。

实验材料

实验主要用到以下材料。如图2-8-1。

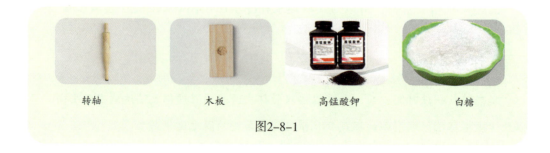

| 转轴 | 木板 | 高锰酸钾 | 白糖 |

图2-8-1

 实验过程

步骤一： 将高锰酸钾和白糖按 2：1 左右的比例混合。如图 2-8-2。

步骤二： 将混合物放在木板中间的凹槽中。如图 2-8-3。

步骤三： 把转轴的转头顶在混合物上，转动转轴并适当施加向下的压力，混合物就能燃烧起来了。如图 2-8-4。

图2-8-2

图2-8-3   图2-8-4

实验优点

1. 本实验巧妙地利用高锰酸钾和白糖作为"助燃剂"，降低了生火的难度。
2. 该"钻木取火"的方式简单，易于操作，提高了实验的成功率。

注意事项

1. 木板中间的凹槽应稍微大一点，以便放入更多的高锰酸钾和白糖的混合物。
2. 学生应在教师的指导和监督下进行实验操作，应全程佩戴护目镜，保证安全。

实验2-9 斯特林发动机

实验目的

利用斯特林发动机驱动发电机发电进而点亮灯泡，体会能量转化过程：化学能→热能→动能→电能。

设计意图

斯特林发动机是一种闭循环回热式发动机，这种发动机借助外部热源加热气缸内的工作气体，气体受热膨胀之后推动活塞，输出动能。本实验中，使用酒精灯加热斯特林发动机气缸内的工作气体，使之膨胀并推动活塞，进而带动转轮旋转，驱动发电机发电，最终点亮灯泡。学生通过观察实验现象，能深入理解能量的转化过程：化学能→热能→动能→电能。

实验材料

实验主要用到以下材料。如图 2-9-1。

斯特林发动机(带酒精灯和发电机)　　　　火柴　　　　灯泡

图2-9-1

 **实验过程**

步骤一： 安装灯泡，将连接灯泡的 2 个夹子分别夹在斯特林发动机的接线柱上。如图 2-9-2。

步骤二： 用火柴点燃酒精灯。如图 2-9-3。

步骤三： 将酒精灯移到气缸处进行加热，等待 15 秒左右，用手轻轻拨动转轮，帮助转轮启动，观察灯泡的亮灭情况。如图 2-9-4。

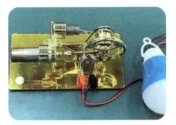  

图2-9-2　　　　　　　　图2-9-3　　　　　　　　图2-9-4

实验优点

1. 该实验展示了能量转化的具体过程，学生能够直观地感受和理解能量从化学能到热能，到动能，再到电能的转化。这种生动的展现方式比单纯的文字描述或图片展示更形象，更易于理解，有助于深化学生对能量转化的认识。

2. 斯特林发动机操作简便，适合学生操作，有利于培养学生的动手实践能力。

注意事项

1. 使用酒精灯时，要确保远离易燃物品，并在教师的指导下使用。

2. 加热过程中，要注意安全，防止烫伤。

 实验2-10   电磁小火车

 实验目的

通过观察电池在铜线圈内的运动，知道电能可以转化为磁能，磁与磁之间相互作用驱动电池运动，磁能又转化为动能。

 设计意图

本实验使用铜线圈、电池以及强力磁铁等材料，通过使电池在铜线圈内运动，呈现出生动的实验效果。当电池在铜线圈中运动时，其磁场与铜线圈相互作用，产生电流，从而直观地呈现了电磁感应的现象，帮助学生理解电能转化为磁能，磁能又转化为动能的过程，加深对能量转化的理解。

 实验材料

实验主要用到以下材料。如图 2-10-1。

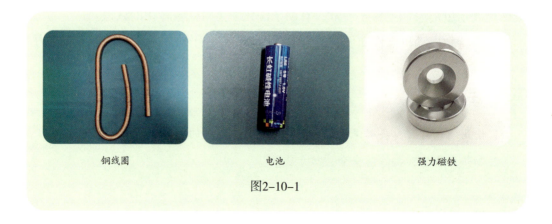

铜线圈　　　　　　　　　电池　　　　　　　　　强力磁铁

图2-10-1

 **实验过程**

步骤一：将 2 个强力磁铁的同一极分别吸在电池的正极和负极上。如图 2-10-2。

步骤二：将吸有强力磁铁的电池推入铜线圈内，电池就可以在铜线圈内运动起来。
如果电池被铜线圈推出来，可以更换电池的方向，再推入铜线圈内即可。
如图 2-10-3。

图2-10-2   图2-10-3

实验优点

1. 本实验中材料简单，仅需铜线圈、电池和强力磁铁，操作简便，易于学生掌握。

2. 电能、磁能和动能间的转化过程清晰直观，电池在铜线圈内运动的过程充满了趣味性，提高了学生的学习兴趣。

注意事项

1. 铜线圈绕圈要密集，间隙过大会导致无法获得实验结果，可考虑直接购买。

2. 电池的正极和负极要分别和 2 个强力磁铁的同一极吸引，这样电池才能在铜线圈内运动。

实验2-11 电磁旋转风扇

实验目的

制作电磁旋转风扇，观察风扇的旋转，知道电能可以先转化为磁能再转化为动能，感受能量转化在生活中的应用与神奇魅力。

设计意图

本实验利用电磁旋转风扇套材制作一个旋转风扇，向学生展示能量的转化过程，将抽象的能量转化以直观的方式呈现出来，帮助学生理解电能、磁能、动能之间的转化。

实验材料

实验主要用到以下材料。如图2-11-1。

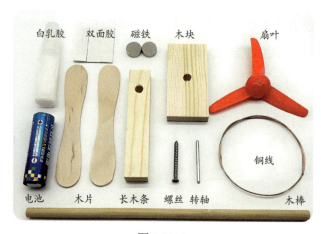

图2-11-1

![显微镜图标] **实验过程**

步骤一： 用白乳胶将木块固定在 2 个木片的一端，作为风扇的底座。如图 2-11-2。

步骤二： 将木棒插入木块中间的孔中。如图 2-11-3。

步骤三： 在木棒的顶端插上长木条，长木条的方向与木片的方向要一致。如图 2-11-4。

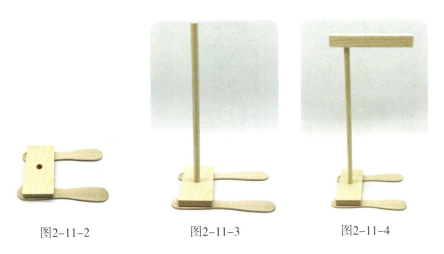

图2-11-2   图2-11-3   图2-11-4

步骤四： 用双面胶将一个磁铁粘在长木条的另一端。如图 2-11-5。

步骤五： 将电池的负极吸在长木条一端的磁铁上，然后将螺丝和另一个磁铁吸在电池的正极上，确保顶部的磁铁和底部的磁铁处于相互排斥的状态。如图 2-11-6。

图2-11-5   图2-11-6

步骤六：将转轴插入扇叶，然后吸在底部的磁铁上。如图 2-11-7。

步骤七：将铜线的一端缠绕在顶部的磁铁上，铜线必须和磁铁接触。如图 2-11-8。

步骤八：将铜线的另一端接触底部的磁铁，扇叶就能转动起来。如图 2-11-9。

图2-11-7

图2-11-8

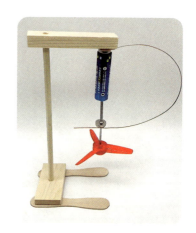
图2-11-9

🎖 实验优点

1. 该实验利用电磁旋转风扇套材，将电能、磁能转化为动能，让小风扇转动起来，直观展示出能量转化过程，有助于学生理解不同能量形式之间的转化关系。

2. 学生自己动手实践完成电磁旋转风扇的制作过程，有利于培养其动手实践能力。

注意事项

1. 长木条的方向与木片的方向要一致，这样整个支架才会更稳定。

2. 电池的正、负极与磁铁的连接方式要正确，否则风扇无法旋转。

实验2-12 旋转铜线圈

 实验目的

制作旋转铜线圈，观察通电线圈旋转，知道电能可以先转化为磁能再转化为动能。

 设计意图

本实验利用电池、磁铁、铜线和螺母等常见的材料，通过简单的制作使铜线圈旋转起来，让学生形象地认识电能先转化为磁能再转化为动能的过程。

 实验材料

实验主要用到以下材料。如图2-12-1。

磁铁　　　　　　铜线　　　　　　螺母　　　　　　电池

图2-12-1

 实验过程

步骤一：把 2 个磁铁叠起来吸在电池的负极。如图 2-12-2。

步骤二：把螺母套在电池的正极。如图 2-12-3。

步骤三：将铜线制作成各种不同的形状的铜线圈。如图 2-12-4。

步骤四：用铜线圈套住电池。将铜线的一端放入螺母的孔中与电池正极相连，铜线的另一端与磁铁接触时，就形成了回路，线圈就能旋转起来。如图 2-12-5。

图2-12-2　　　图2-12-3

图2-12-4

图2-12-5

实验优点

　　1.实验使用的材料简单易得，操作简便，可以作为课外拓展活动完成。

　　2.实验过程有趣且有探索性，学生还可以发挥想象力，制作出各种不同形状的铜线圈，培养了他们的创造力。

注意事项

　　制作各种形状的铜线圈时，可借助模具等器材，使做出来的铜线圈形状更加美观。

实验2-13 吸烟的危害

 实验目的

观察过滤烟嘴中过滤海绵的颜色变化，知道吸烟有害身体健康，初步建立不吸烟的健康生活意识。

设计意图

本实验主要利用过滤烟嘴过滤吸烟时产生的烟雾，向学生直观地展示烟草燃烧时产生的有害粒子被过滤烟嘴拦截的情况。这些粒子在没有过滤的情况下会进入吸烟者的肺部，长期积累，会导致呼吸系统的多种疾病，如肺癌、慢性阻塞性肺病等。本实验意在引导学生保持健康的生活方式，远离烟草制品。

 实验材料

实验主要用到以下材料。如图 2-13-1。

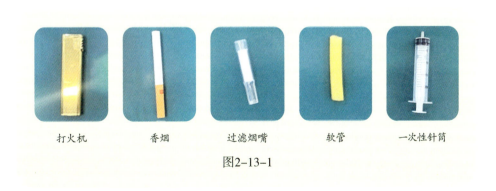

打火机　　　香烟　　　过滤烟嘴　　　软管　　　一次性针筒

图2-13-1

实验过程

步骤一： 将香烟、过滤烟嘴、软管和一次性针筒依次连接起来。如图2-13-2。

步骤二： 点燃香烟，来回拉动一次性针筒的活塞，模拟吸烟的过程。如图2-13-3。

步骤三： 比较使用过的过滤烟嘴和全新过滤烟嘴中过滤海绵的颜色，分析吸烟对人体健康产生的影响。如图2-13-4。

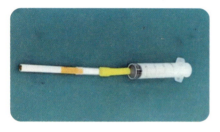

图2-13-2　　　　　　　　图2-13-3　　　　　　　　图2-13-4

 **实验优点**

1. 本实验借助简单的材料，巧妙利用一次性针筒进行推拉活塞的操作，精准模拟了吸烟时烟雾进入肺部的过程。

2. 本实验不仅让学生直观地认识到吸烟的危害，还通过模拟吸烟过程加深他们对吸烟行为的理解，从而培养他们抵制吸烟、倡导健康生活的责任感。这种直观且生动的教学方式，不仅能增强学生对吸烟危害的认知，还能激发他们关注自身健康、拒绝烟草的意识。

注意事项

1. 点燃香烟时，要同时抽拉一次性针筒的活塞，这样香烟更容易被点燃。

2. 考虑到烟雾的产生可能对室内空气质量造成影响，可以选择在户外进行实验。此外，此实验还可以作为演示实验，由教师进行演示，而非分组实验，这样就能减少烟雾的产生。

实验2-14 模拟地球昼夜交替现象

 实验目的

通过模拟太阳和地球不同的运动方式，帮助学生建立对地球昼夜交替现象的认知。

设计意图

本实验中引入了一个LED球泡灯，该灯能向四面八方发光，用以代表太阳。通过调节LED球泡灯与地球模型的位置关系，直观展示昼夜交替现象的形成过程。

 **实验材料**

实验主要用到以下材料。如图2-14-1。

地球仪　　　　　　　LED球泡灯

图2-14-1

 **实验过程**

步骤一： 关闭室内的光源，拉上窗帘，使室内环境尽量黑暗。

步骤二： 用 LED 球泡灯模拟太阳，用地球仪模拟地球，通过地球围绕太阳转、地球自转等不同的运动方式，探究太阳与地球的何种运动方式会产生昼夜交替的现象。如图 2-14-2。

图2-14-2

 **实验优点**

1. 使用 LED 球泡灯替代普通手电筒作为太阳的模型，能够提供更接近太阳的均匀光照，为学生模拟地球昼夜交替现象提供了更为逼真的实验光源。

2. 在实验中，学生不需要因为地球位置的变化而转动光源，降低了实验操作的难度。

3. LED 球泡灯比手电筒的亮度更高，照射到地球仪上的时候，昼夜对比更加明显，实验现象更加清晰。

⊂⊃ **注意事项**

实验中的 LED 球泡灯不用选择太亮的，一般选择 1 ～ 3 瓦的球泡灯即可。如果是教师演示，一般可选择 5 瓦的球泡灯。

实验2-15　光的色散与混合

 实验目的

通过光的色散和光的混合实验，从正反两个方面认识"太阳光和白光是复合光"，了解光的色散与光的混合现象。

设计意图

太阳光照射到水中的镜子上，经过折射和反射后照射在白色屏上。通过观察光的色散现象，我们可以了解到太阳光实际上是由多种颜色的光混合而成的。用红、蓝、绿3种颜色的LED灯同时照射同一个地方，可以看到白光，这可以让学生直观地感受光的混合现象。

 **实验材料**

实验主要用到以下材料。如图2-15-1。

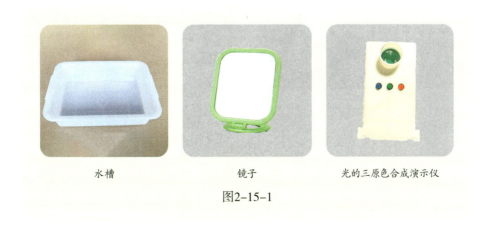

水槽　　　　　　　镜子　　　　　光的三原色合成演示仪

图2-15-1

🔬 **实验过程**

步骤一： 在水槽中加入适量的水。如图 2-15-2。

步骤二： 把镜子倾斜放入水中，与水面成一定角度。如图 2-15-3。

图2-15-2   图2-15-3

步骤三： 将装置放在阳光下，调整镜子的角度，直至白屏上出现彩色光带，这就是光的色散。如图 2-15-4。

图2-15-4

步骤四：依次打开光的三原色合成演示仪上的蓝灯、绿灯和红灯。如图 2-15-5。

步骤五：将蓝光、绿光、红光一同照射到屏幕上，在 3 种颜色的光叠加的区域，我们看到的光是白色的，这就是光的混合。如图 2-15-6。

图2-15-5   图2-15-6

实验优点

1. 实验中利用了镜子、光的三原色合成演示仪等简单材料，直观地展示了光的色散和光的混合现象，帮助学生理解光的本质和颜色形成的原理。

2. 实验中用镜子代替了原实验中的三棱镜，用光的三原色合成演示仪代替了彩色轮，降低了实验操作的难度，提升了实验的成功率。

注意事项

1. 用太阳光做光的色散实验时，可以将镜子暴露在太阳光下，将显示彩色光带的白屏置于阴暗处等光线较弱的地方。

2. 如果没有较强的太阳光，可以选择用强光手电筒代替太阳光进行实验。

3. 等水面平静后再观察彩色光带，效果会更好。

实验2-16　水火箭

实验目的

尝试发射水火箭，知道小苏打和白醋混合后会产生大量气体。

设计意图

将小苏打和白醋这两种物质在容器内混合后会产生大量气体，这些气体会使容器内的压力增大，进而推动水火箭发射。在整个实验过程中，学生可以观察到气泡的产生和水火箭升空等生动有趣的现象，这不仅增强了实验的趣味性，还深化了学生对实验原理的理解。

实验材料

实验主要用到以下材料。如图 2-16-1。

三脚架　　白醋　　小苏打　　矿泉水瓶

小塑料瓶　　勺子　　橡胶塞　　烧杯

图2-16-1

🔬 **实验过程**

步骤一： 用勺子取适量小苏打，倒入小塑料瓶中。如图 2-16-2。

步骤二： 用烧杯量取 50 毫升左右的白醋，倒入矿泉水瓶中。如图 2-16-3。

图2-16-2   图2-16-3

步骤三： 将小塑料瓶轻轻地竖直放入矿泉水瓶中，不能让小苏打和白醋发生反应。如图 2-16-4。

步骤四： 用橡胶塞将矿泉水瓶的瓶口塞紧。如图 2-16-5。

步骤五： 将矿泉水瓶倒置，快速摇晃 2 次后，立即放在三脚架内，观察水火箭的发射情况。如图 2-16-6。

图2-16-4   图2-16-5   图2-16-6

实验优点

1.实验巧妙运用了小苏打和白醋这 2 种常见的物质的反应,生动展示了气体对物体的推动作用。这一设计不仅体现了创新性,还让实验过程极具趣味性。

2.实验运用大小不同的塑料瓶组装材料,巧妙地控制了小苏打和白醋反应的进程,这一设计是实验成功的关键因素。这种巧妙的控制方式不仅降低了实验操作的难度,也保证了实验的顺利进行。

3.矿泉水瓶倒置后摇晃,让反应更加充分,加上三脚架的支撑,很好地保证了水火箭升空的实验效果。

注意事项

1.选择的塑料瓶、橡胶塞要注意尺寸大小。橡胶塞要刚好能塞住矿泉水瓶的瓶口;小塑料瓶瓶身直径要小于矿泉水瓶瓶口内径,这样小塑料瓶才能放进矿泉水瓶内;小塑料瓶的高度要大于矿泉水瓶瓶身的内径,这样小塑料瓶在矿泉水瓶内才不会倾倒。

2.在矿泉水瓶倒置后,要快速摇晃,保证小苏打和白醋充分混合,这样才能快速放出大量气体,塑料瓶才能飞得更高。

3.实验时,尽量选择空旷的地方,当小苏打和白醋发生反应时,人要尽量远离。

 **实验2-17** **制作纸杯星座模型**

 实验目的

通过在纸杯上制作天蝎座、天鹰座、天琴座和天鹅座等星座模型，了解各星座的特征。

 设计意图

利用纸杯、牙签和手电筒这些身边常见的材料，帮助学生更好地理解星座的特点。通过在纸杯底部用牙签戳出各星座的轮廓，学生能够直观地观察不同星座之间的差异。用手电筒照射纸杯杯底，投影到墙壁上，可以在墙壁上形成星座图案，帮助学生认识各星座。

 实验材料

实验主要用到以下材料。如图 2-17-1。

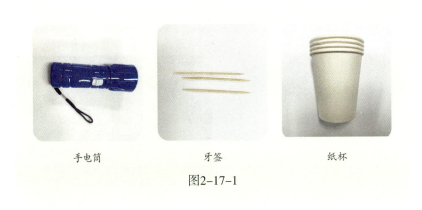

手电筒　　　　　　　牙签　　　　　　　纸杯

图2-17-1

 实验过程

步骤一：根据天蝎座、天鹰座、天琴座和天鹅座的形状特点，在纸杯底部画出各星座的样子。如图 2–17–2。

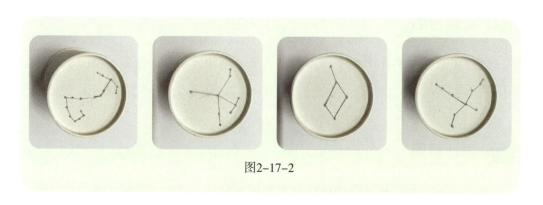

图2–17–2

步骤二：用牙签在各个"星星"的位置上戳出小孔。如图 2–17–3。

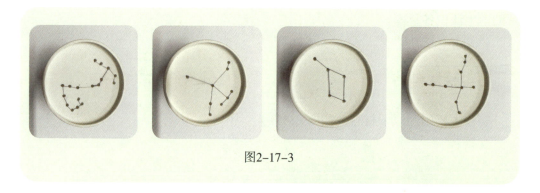

图2–17–3

步骤三：将手电筒放在纸杯里面，打开手电筒。如图 2–17–4。

图2–17–4

步骤四: 将光投到"屏"上,观看各"星座"的特点。如图 2-17-5。

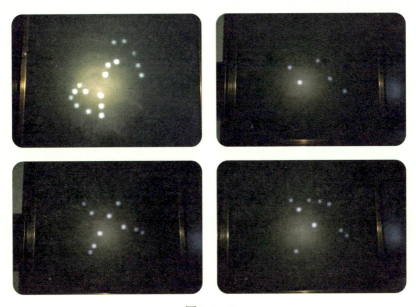

图2-17-5

实验优点

1. 与传统实验不同,本实验用简单的材料制作星座模型,为学生提供了一种有趣且富有创造性的方式来认识星座。相较于传统的图文观看方式,这种实验操作更加生动直观,能够加深学生对星座形状的认知。

2. 本实验利用牙签和纸杯等简易材料在墙上投影出了星座的形态,这一设计巧妙且易于操作,学生能够轻松地参与实验。

注意事项

1. 为了确保星座形状的准确性,要从纸杯内部向外"投影"底部所画的星座图案。这样做可以避免因为观察角度不当而导致的图案镜像翻转。

2. 使用牙签时要注意安全,戳出的孔径大小要合适。

实验2-18 一种简易称量空气质量的方式

 实验目的

通过称量和对比洒水壶充气前后的质量，知道空气是有质量的。

 设计意图

本实验使用电子秤和洒水壶等常见工具来测量空气质量，通过测量一定体积的空气的质量，并与相同质量的小螺母进行对比，可以了解这些空气与多少个小螺母的质量相当，从而感受到空气的质量。

 实验材料

实验主要用到以下材料。如图 2-18-1。

电子秤　　　　洒水壶　　　　塑料袋　　　　小螺母

图2-18-1

实验过程

步骤一： 将电子秤放在平整的桌面上，然后打开电子秤。如图 2-18-2。

步骤二： 称出没有加压时洒水壶的质量，为 166.7 克。如图 2-18-3。

步骤三： 用加压杆给洒水壶加压，连续抽拉 100 下。如图 2-18-4。

步骤四： 称出抽拉 100 下后洒水壶的质量，为 169.8 克，增加了 3.1 克，增加的质量就是充入的气体的质量。如图 2-18-5。

图2-18-2   图2-18-3   图2-18-4   图2-18-5

步骤五： 在洒水壶的喷头处套上塑料袋，打开喷洒开关，将壶内充入的气体排进塑料袋收集起来。如图 2-18-6。

步骤六： 用电子秤称量出 3.1 克重的小螺母，这些小螺母的质量和刚才塑料袋内的空气的质量相当。如图 2-18-7。

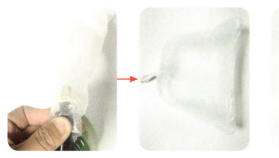

图2-18-6   图2-18-7

实验优点

1. 洒水壶是一个多功能装置，它集充气、集气和排气等功能于一体。用洒水壶进行实验，不再需要额外的如打气筒等工具，从而简化了实验所需材料，有效降低了实验的难度，提高了实验的可操作性。

2. 洒水壶在加压前和加压后，体积保持不变，因此受到的空气浮力大小也保持不变，这保证了实验的科学性。

注意事项

要将压缩的空气完全排入塑料袋，从而保证充气增加的质量与塑料袋内空气的质量相等。

第三章
新技术的引入与运用

新技术的引入与运用是指将各种新技术运用于日常教学过程中，用新技术来完成复杂的实验，以达到实验操作更加方便快捷，实验效果更加明显，实验过程更有新意的目的。借助传感器技术可以提高实验效率和数据精度，基于这些精确的数据进行分析和讨论，实验结论将更具说服力，真正实现让数据"说话"。借助各种视频显示技术的精准呈现，实验现象被真实记录并展示在学生面前，使实验过程更加生动、直观，真正实现了实验"可视化"。借助激光雕刻技术的精确操作，学生能够设计和制作所需的产品，增加了实验的创意性和材料的视觉冲击力，从而实现了技术对科学实验的"助力"。

实验 3-1　用快速制冷水杯探究水结冰过程

实验目的

通过观测水结冰过程中水温的变化，发现当水温降到0℃以下时水才会结冰。

设计意图

本实验主要通过引入快速制冷水杯来探究水结冰的过程。快速制冷水杯使用了高科技半导体制冷技术，可以在 10 分钟以内将杯中的水冷却至冰点，从而实现短时间内就能观察到水结冰的现象。借助电子温度计，可以精准测量水结冰过程中水温的变化，从而发现水结冰过程中温度变化的秘密。

实验材料

实验主要用到以下材料。如图 3-1-1。

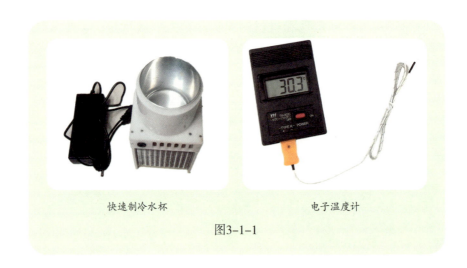

快速制冷水杯　　　　　　　　　　电子温度计

图3-1-1

🔬 实验过程

步骤一： 向快速制冷水杯中倒入适量的水。如图 3-1-2。

步骤二： 打开电子温度计，将电子温度计的感温探头浸没在水中。如图 3-1-3。

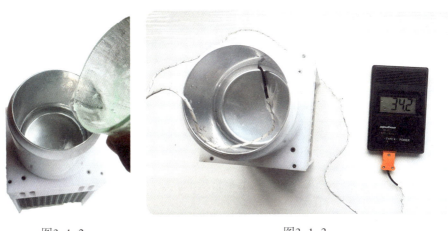

图3-1-2 图3-1-3

步骤三： 接通电源，让快速制冷水杯开始工作，持续观察快速制冷水杯中水的状态以及电子温度计的示数变化，直至杯中的水完全结冰。如图 3-1-4。

图3-1-4

实验优点

1. 快速制冷水杯的制冷速度快，能让学生在短时间内观察到水结冰过程中的温度变化，缩短了实验时间，提高了实验效率。

2. 电子温度计能精确测出水的温度，灵敏度较高，当水温发生改变时，能快速显示温度，提高实验精确度。

注意事项

1. 快速制冷水杯需要连接 220 伏交流电，用电过程务必注意安全。

2. 为缩短快速制冷水杯中水结冰的时间，加入的水量不宜过多，能浸没电子温度计的感温探头即可。

3. 在实验室内，水一般在 0℃以下才开始结冰，结冰过程中水温保持在 0℃左右。

实验3-2　探究不同颜色物体的吸热能力

 实验目的

通过探究不同颜色物体的吸热能力，知道黑色物体的吸热能力强，白色物体的吸热能力弱。

 设计意图

本实验主要引入了一种磁吸式温度传感器。该温度传感器的感温探头带有强磁力，可以直接吸在金属铁片上，能便捷地测出铁片的温度。使用该温度传感器测量铁片温度，能比较出不同颜色铁片的温度差异，从而发现不同颜色的物体吸热能力的不同。

 实验材料

实验主要用到以下材料。如图 3-2-1。

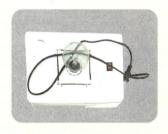

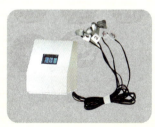

白炽灯（含金属底座）　　4 块铁片（大小相同，颜色不同）　　磁吸式温度传感器

图3-2-1

小学科学实验器材优化探索
XIAO XUE KE XUE SHI YAN QI CAI YOU HUA TAN SUO

实验过程

步骤一： 将 4 块不同颜色的铁片分别插入白炽灯底座的凹槽中。如图 3-2-2。

步骤二： 将磁吸式温度传感器的感温探头分别吸在 4 块铁片的背面同一位置。如图 3-2-3。

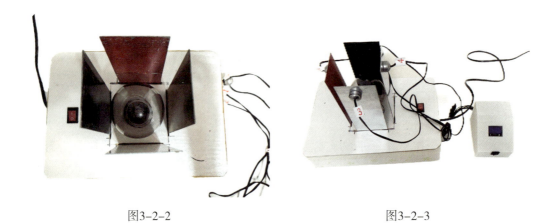

图3-2-2   图3-2-3

步骤三： 打开温度传感器的开关，显示屏上显示 4 块铁片的温度。如图 3-2-4。

步骤四： 给白炽灯接通电源，观察磁吸式温度传感器显示屏上温度示数的实时变化，发现不同颜色铁片的温度不同。如图 3-2-5。

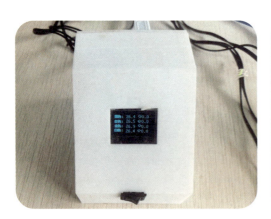

图3-2-4   图3-2-5

实验优点

1.磁吸式温度传感器能稳定地贴合在铁片表面，测得的温度精准，提高了测量数据的准确性和有效性。

2.感温探头带有强磁力，能直接吸附在铁片表面，不需要额外的固定装置，简化了操作步骤，加快了实验进程。

3.通过同时测量不同颜色铁片的温度，可以直观地显示出不同颜色铁片的吸热能力，这有助于理解不同颜色物体的吸热特性。

注意事项

1.为保证实验条件一致，4块铁片和白炽灯的距离要相等。

2.此实验可以作为演示实验，由教师操作。如果由学生操作，必须在教师的监督下进行，注意用电安全。

实验3-3　用血氧仪测量心率的变化

 实验目的

通过测量人体在运动前后的心率变化，知道人体在运动后心率会上升。

 设计意图

本实验主要引入了一种测量心率的血氧仪。血氧仪是一种监测人体血液中氧气含量的仪器，它通过接触充血的人体末梢组织，如手指头或耳垂等部位，利用不同波长的红光和红外光的吸光度变化比值，推算出人体心率。使用血氧仪，能够快速准确地得到心率数值。通过比较人体安静时和运动后的心率，发现人体在运动后，心率会明显加快。

 **实验材料**

实验主要用到以下材料。如图 3-3-1。

血氧仪

图3-3-1

 **实验过程**

步骤一： 按下血氧仪上的开关键。如图 3-3-2。

步骤二： 将食指插入血氧仪底部的测量区域。如图 3-3-3。

图3-3-2   图3-3-3

步骤三： 在安静状态下，等待几秒钟，血氧仪显示的绿色数值，即为安静状态时的心率，它代表心脏每分钟的跳动次数。如图 3-3-4。

步骤四： 运动 1 分钟，可以原地深蹲、原地跳跃、原地跑步等。运动后，再次测量心率数值。如图 3-3-5。

图3-3-4   图3-3-5

步骤五： 对比人体在安静时和运动后的心率。

实验优点

1.血氧仪能快速准确地测量心率，如果用手指搭脉的方式测量心率，每次至少要1分钟，而用血氧仪测量心率，每次3～5秒就能得到数据，节省了课堂测量心率的时间，提高了教学效率。

2.血氧仪通过红外线或光电传感器等技术准确测量心率，避免了人为搭脉测量心率的误差。

3.血氧仪可以显示实时心率，学生通过血氧仪能够实时观察和记录心率变化，还可以观察运动后需要多长时间才能恢复到平静时的心率。实时观察心率变化，更加直观。

注意事项

如果戴着血氧仪进行运动，应注意在运动过程中不要让血氧仪脱落。也可以在运动时摘下血氧仪，运动结束后立即将手指放入血氧仪中进行心率测量。

 **实验3-4** 用手机显微镜观察微小物体

 实验目的

通过观察物体表面及各种生物标本等，增进对微观世界的认识。

设计意图

本实验引入了手机显微镜。手机显微镜是一种能直接连接智能手机的显微设备，能让学生直接观察到物体放大后的细节。通过手机显微镜，观察身边各种物体的表面和生物标本等并拍照记录，发现微观世界更多的奥秘。

实验材料

实验主要用到以下材料。如图 3-4-1。

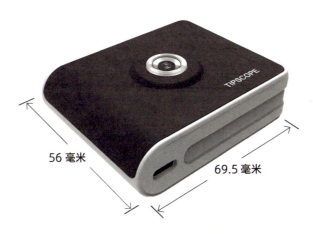

56 毫米

69.5 毫米

TIPSCOPE手机显微镜

图3-4-1

实验过程

步骤一： 在智能手机上安装手机显微镜相应的 APP。如按 TIPSCOPE 手机显微镜产品说明下载 TIPSCOPE APP。如图 3-4-2。

步骤二： 使用数据线将手机显微镜与智能手机连接，并打开 TIPSCOPE APP。如图 3-4-3。

图3-4-2

图3-4-3

步骤三： 将手机显微镜对准物体表面或者生物标本等，观察物体放大后的图像。如图 3-4-4。

图3-4-4

步骤四：在 TIPSCOPE APP 中点击"相机"按钮，将观察到的图像拍照保存。用手机显微镜拍摄到的部分图像如图 3-4-5。

| 鼠标垫 | 绿萝叶表皮 | 百合花花粉 | 蝴蝶翅膀 |

图3-4-5

实验优点

1. 学生利用手机显微镜可以直观地观察物体放大后的图像。利用手机显微镜的拍照功能，学生能够记录和分享观察到的图像，这不仅提高了实验参与度，还有助于提升学习效果。此外，这一过程还能锻炼学生的实验观察和分析能力，培养他们对科学学习的兴趣和实验技能，同时增强他们对微观世界的认知。

2. 手机显微镜具有便携性和实用性，能使学生在短时间内观察到更多的微观世界图像，增加了实验的探究性和趣味性。

注意事项

1. 手机显微镜可以在手机端和电脑端使用，手机端需要下载相应的 APP 才能正常使用；使用电脑端时只要将手机显微镜直接连接电脑，打开电脑相机即可。

2. 确保显微镜头清洁，避免触摸显微镜头，以获得最佳成像效果。

3. 市场上存在众多类似的显微镜产品，根据自己的需求选择合适的品牌或型号。

实验3-5　用纹影成像技术观察气体的流动

实验目的

通过观察气体的流动,知道热空气会上升,冷空气会下降,二氧化碳比空气重等。

设计意图

本实验主要引入了一种纹影成像技术。纹影成像技术是一种用于观测和分析气体流动的视觉化方法,其基本原理是气流密度变化会引起光波的折射效应。利用纹影成像技术观察热空气、冷空气、二氧化碳等气体的流动情况,将肉眼不可见的气体流动可视化,从而发现这些气体流动的特点。

实验材料

实验主要用到以下材料。如图 3-5-1。

凹面镜　　　　　手机及支架　　　　　蜡烛

图3-5-1

实验过程

步骤一： 将凹面镜、手机分别固定在支架上。打开手机录像功能并保持闪光灯常开，将凹面镜放置在手机摄像头后方。如图 3-5-2。

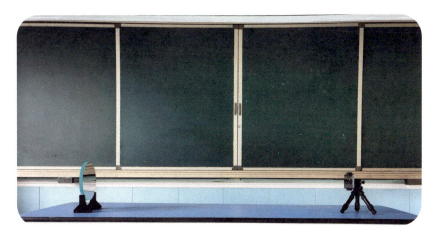

图3-5-2

步骤二： 缓慢移动手机，至闪光灯的光铺满整个镜面（此时光源大约在凹面镜的两倍焦距处）。如图 3-5-3。

步骤三： 将需要观察的气流置于凹面镜前方，手机就可以拍摄到气体流动的图像。例如，将蜡烛点燃并放置在凹面镜前方靠下侧，就可以拍摄到热空气的上升。如图 3-5-4。

图3-5-3

图3-5-4

步骤四： 按步骤三的方法，将蜡烛换成冰块，可以拍摄到冷空气下降（左图）；将蜡烛换成小苏打和白醋的混合物，可以拍摄到二氧化碳气体往下流（右图），从而发现这些气体流动的特点。如图 3-5-5。

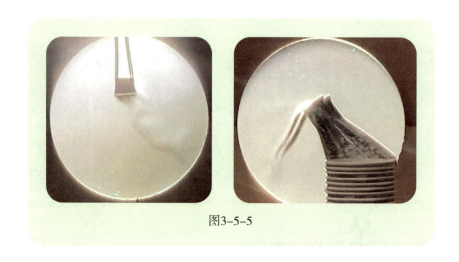

图3-5-5

实验优点

1. 纹影成像技术可以使肉眼不可见的气体流动现象可视化，帮助学生直观地观察和研究气体的性质。

2. 这种可视化的方法能够激发学生的兴趣，培养他们的观察和分析能力，同时激发他们对科学实验探索的热情。

注意事项

1. 摄像头位置需要进行适当调整，因此选择的支架应具备上下调节高度的功能。

2. 闪光灯经凹面镜反射后的实像与光源重合时效果更佳。

3. 实验过程中应减少不必要的空气流动，以免对实验产生干扰。

实验3-6　用内窥镜观察鼓膜

实验目的

观察鼓膜的形态、颜色和结构等，初步形成保护鼓膜的意识。

设计意图

本实验主要引入了可视采耳内窥镜。将内窥镜探测头伸入耳道，可以直接观察鼓膜的形态、颜色和结构，得到高清晰度的鼓膜图像，从而确认鼓膜是一层半透明、椭圆形的薄膜。这可以帮助学生初步形成保护鼓膜的意识。

实验材料

实验主要用到以下材料。如图 3-6-1。

可视采耳内窥镜

图3-6-1

 实验过程

步骤一：使用数据线将可视采耳内窥镜（以下简称内窥镜）与手机连接，打开手机相机，即可显示图像。如图 3-6-2。

图3-6-2

步骤二：将内窥镜的探测头小心、缓慢地伸入耳道，观察鼓膜特征。如图 3-6-3。

步骤三：观察鼓膜的构造，并用拍照的方式记录。如图 3-6-4。

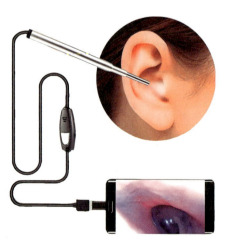

图3-6-3

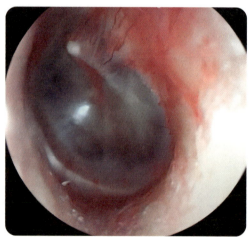

图3-6-4

实验优点

1.将可视采耳内窥镜伸入耳道中并将鼓膜的图像直接显示在手机屏幕上，便于学生直接观察鼓膜的形态、颜色和结构。

2.内窥镜为学生提供了直观的、真实的观察体验，相比于传统的图片或视频展示的方式，这种观察方式更能激发学生的好奇心和探索欲。

3.通过观察，学生可以了解鼓膜的结构，知道鼓膜是一层薄薄的膜，从而初步形成保护鼓膜的意识。

注意事项

1.当内窥镜探头伸入耳道时，操作者需要小心观看，确保探测头不会触碰到鼓膜，以避免造成鼓膜损伤。

2.在课堂中进行此类实验时，应仅由受过专业训练的教师来操作内窥镜，以确保学生和设备的安全。

实验3-7 用延时摄影技术观察长周期实验

实验目的

通过在较短时间内观察并探究长周期实验的现象变化，了解这些事物的变化规律。

设计意图

本实验主要引入了延时摄影技术。延时摄影技术，又称为间隔摄影、定时定格摄影或者缩时摄影，是一种特殊的摄影技术。它以远低于一般观看连续画面所需的频率来拍摄画面，通过设置一定的拍摄时间间隔，对同一场景或同一物体进行较长时间连续拍摄，并将拍摄的照片组合成连续画面。这样，可以将几分钟、几小时甚至是几天、几年的过程压缩在一个较短的时间段内，并以视频的方式播放。利用延时摄影技术，可以在较短时间内观察到绿豆种子发芽、植物的生长、植物的开花以及一天中阳光下物体影子的变化等现象。

实验材料

实验主要用到以下材料。如图 3-7-1。

| 绿豆种子 | 培养皿 | 纸巾 |

图3-7-1

 **实验过程**

步骤一： 在 2 个培养皿中放入纸巾，在纸巾上各放 3 粒绿豆种子，并在其中一个
培养皿中加入适量的水。如图 3-7-2。

步骤二： 打开手机相机，并使用手机支架固定手机，让手机镜头始终对着被拍摄
物体。打开手机相机，点击【更多】，选择【延时摄影】，设置合适的"速
率"和"录制时长"等参数，开始拍摄。如图 3-7-3。

图3-7-2

图3-7-3

步骤三： 结束拍摄，自动生成延时摄影视频。如图 3-7-4。

步骤四： 利用视频编辑 APP，进一步对延时摄影视频进行调速等处理，使视频播
放效果更佳。如图 3-7-5。

图3-7-4

图3-7-5

实验优点

1. 延时摄影技术能将长周期实验现象压缩成较短时间的视频，帮助学生在较短时间内观察到长周期实验现象，使学生能够快速、完整地观察整个实验过程，加深其对实验的理解。

2. 通过观看延时摄影视频，学生可以更清晰地观察实验细节，深入了解实验现象，从而提高对实验过程的认知水平。

3. 运用延时摄影技术，可以对更多长周期实验进行观察，如对植物的生长变化、动物的孵化活动、变化较慢的化学实验、各种天文现象等进行观察。

注意事项

1. 保证拍摄过程中手机的电量和内存，可以保持手机处于接通电源的状态，便于长时间拍摄。

2. 固定手机时，可以使用手机支架等，使拍摄画面更稳定。

实验3-8 **用全息投影技术观察各种动物**

 实验目的

生动和立体地呈现各种动物，让学生了解动物的特征与行为，获得沉浸式的观察体验。

 设计意图

本实验主要引入了全息投影技术。这种技术能够将平面视频或图片转化为3D立体图像，从而提供一种新颖且有趣的视觉体验。通过将各种动物的平面视频或图片转换成3D立体图像，学生可以更加有兴致地进行沉浸式观察，有助于他们更好地理解各种动物的特征和行为，并体会生物的多样性。

 实验材料

实验主要用到以下材料。如图3-8-1。

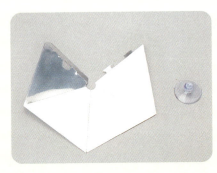
全息投影仪

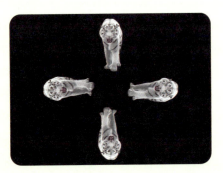
全息投影视频或图片资源

图3-8-1

实验过程

步骤一：组装全息投影仪，形成一个倒金字塔形状。如图 3-8-2。

图3-8-2

步骤二：打开用于全息投影的各种动物的视频或图片资源（可通过网络搜索"全息投影视频"获取），将全息投影仪置于视频或图片资源的正中央。如图 3-8-3。

图3-8-3

步骤三：从侧面观察，可以观察到视频或图片资源中各种动物的 3D 立体动画效果。如图 3-8-4。

图3-8-4

 **实验优点**

1. 全息投影技术将平面的视频或图片转化为 3D 立体图像，为学生提供了一种全新的观察各种动物的方式和沉浸式观察体验。

2. 通过观察各种动物的丰富多彩的 3D 立体图像，学生可以了解各种动物的特征与行为，加深对生物多样性的理解。

注意事项

1. 全息投影仪在组装时，须撕去外部保护膜，组装完成后应进行微调，以达到最佳展示效果。

2. 应根据视频或图片播放设备的大小，选择型号、大小合适的全息投影仪。

实验3-9 用红外探头测量摆的快慢

 实验目的

通过对摆的研究，知道摆的快慢与摆绳长度、摆幅大小、摆锤质量之间的关系。

设计意图

本实验主要引入了连有自动计时器的红外探头。红外探头是一种利用检测和响应物体自身发射的红外线来进行测量的设备。利用连有自动计时器的红外探头进行计数和计时，可以实现对摆的快慢的精确测量，进而分析出影响摆的快慢的因素。

 实验材料

实验主要用到以下材料。如图 3-9-1。

自动计时器和红外探头

单摆

摆锤

图3-9-1

部分实验材料说明如下：

1. 自动计时器。自动计时器可以由专业技术人员按要求制作，按红色按钮可调节摆的计时次数，按绿色按钮开始计时，上面的显示屏显示摆的次数，下面的显示屏显示时间。

2. 摆。摆的顶部有一个调节旋钮，可以快速调节摆绳的长度。摆的上方装有一个量角器，计量摆幅。摆绳上标有刻度，方便直接读出摆绳长度。摆绳末端有一个单头六角固定柱，方便连接摆锤。如图 3-9-2。

| 调节旋钮 | 量角器 | 带刻度的摆绳 | 单头六角固定柱 |

图3-9-2

3. 摆锤。摆锤自带螺纹，可以与摆绳末端的单头六角固定柱连接。通过对摆锤进行不同程度镂空处理，得到大小、形状相同但质量不同的 5 个摆锤。如图 3-9-3。

摆锤（自带螺纹）　　　　摆锤镂空

图3-9-3

 **实验过程**

步骤一： 将连有自动计时器的红外探头安装在铁支架上。如图 3-9-4。

步骤二： 打开自动计时器开关，确保 2 个显示屏都处于初始状态。如图 3-9-5。

步骤三： 用红色按钮调节摆动次数。系统的默认设置为每按 1 次，摆动次数增加 5 次。摆动次数最少为 5 次，最多可调节至 60 次。如果想要计算摆动 10 次所用的时间，则按红色按钮，直至上面的显示屏显示为"10"。如图 3-9-6。

图3-9-4   图3-9-5   图3-9-6

步骤四： 将其中一个摆锤拧在摆绳末端的单头六角固定柱上。如图 3-9-7。

步骤五： 转动调节旋钮调节摆绳至一定长度，将摆拉到一定摆幅，记录摆绳长度和摆幅，如摆绳长度为 20 厘米，摆幅为 20°。如图 3-9-8。

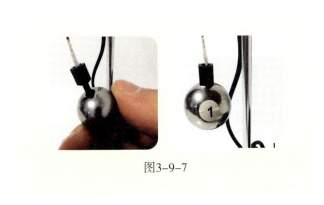

图3-9-7

图3-9-8

步骤六： 按下绿色按钮，开始计时。如图 3-9-9。

步骤七： 让摆自由摆动起来。当摆绳第 1 次经过红外探头前时，计时自动开始。第 1 次来回摆动，自动计时器上面的显示屏显示"1"，下面的显示屏显示摆动 1 次的时间。第二次来回摆动，自动计时器上面的显示屏显示"2"，下面的显示屏显示摆动 2 次的时间。以此类推，直到摆动到第十次时显示屏不再变化。图 3-9-10 为摆第 1 次、第 2 次和第 10 次时的显示情况。

图3-9-9

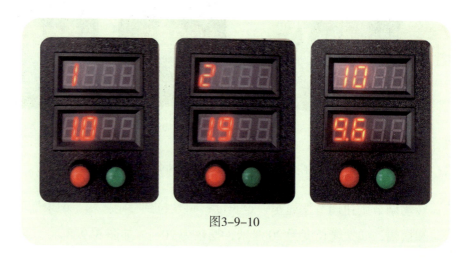

图3-9-10

步骤八： 不改变摆绳长度和摆锤质量，只调节摆幅大小，然后用上述方法测量，研究摆幅大小与摆的快慢的关系。

步骤九： 不改变摆幅大小和摆锤质量，转动调节旋钮调节摆绳长度，然后用上述方法测量，研究摆绳长度与摆的快慢的关系。

步骤十： 不改变摆幅大小和摆绳长度，更换不同质量的摆锤，然后用上述方法测量，研究摆锤质量与摆的快慢的关系。

实验优点

1.测量精确度高。由于是自动计时，可以得到非常准确的时间测量结果，避免了人工计时可能存在的误差。

2.实验操作方便。更换不同质量的摆锤和调节不同的摆绳长度非常方便，利于学生进行实验操作，得出准确数据。

3.可设置摆动次数。此实验可以根据实验需求调整摆动次数，使得实验设计更加灵活。

4.摆绳长度能够通过摆绳上的刻度直接读取，方便学生更快捷地得到摆绳的长度。

注意事项

1.可以对自动计时器提出设计制作要求，由专业技术人员来完成。

2.建议自动计时器的计时精确到 0.1 秒，这既达到了实验的精度要求，也符合学生的认知水平。

3.若摆锤在自由摆动过程中碰触了其他物体，应重置自动计时器重新开始测量。

实验3-10 用激光雕刻机制作和探索轮轴

 实验目的

通过使用不同形状、大小的轮轴拧动水阀，了解轮轴的作用和特点。

 设计意图

本实验主要引入了激光雕刻机。将激光雕刻机切割出的各种形状、大小的轮与配套的轴组成简单机械轮轴。通过动手使用各种形状、大小的轮轴，学生能感知轮轴能够省力的特点以及轮越大越省力的性质。

 实验材料

实验主要用到以下材料。如图 3-10-1。

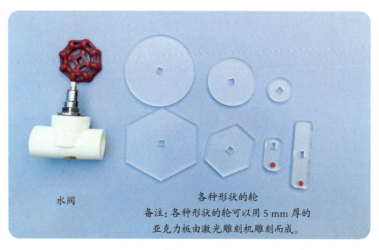

水阀

各种形状的轮

备注：各种形状的轮可以用 5 mm 厚的
亚克力板由激光雕刻机雕刻而成。

图3-10-1

实验过程

步骤一： 取下水阀上原装的轮，用手拧水阀的轴，发现很难拧动（可感受在轴上用力的大小）。如图 3-10-2。

图3-10-2

步骤二： 在水阀的轴上分别套上不同形状、大小的轮再来拧水阀，感受在不同的轮上所用力的大小。发现在水阀的轴上套上轮后，拧起来变轻松，而且轮越大越轻松。如图 3-10-3。

图3-10-3

步骤三： 把水阀原装的轮套在轴上，拧动水阀，感受水阀上轮轴设计的巧妙。如图 3-10-4。

图3-10-4

 **实验优点**

1. 激光雕刻机能按照设计进行个性化切割，可以获得大小不同形状相同的轮、大小相同形状不同的轮、单边和双边的轮，也可以设计切割其他特殊结构的轮。

2. 通过实践，学生可以更直观地感受到轮轴的作用，感受在轮上用力比在轴上省力，轮越大越省力的特点。

注意事项

1. 用激光雕刻机切割轮时，要控制好轮与轴连接处的大小，防止过大或过小导致轮无法与水阀上的轴配套使用。

2. 选择的水阀要合适，要确保在没有使用轮仅在轴上用力时难以拧动阀门，而一旦在轴上套上轮配合使用，就能够拧动阀门。

第四章

新材料的组合与创新

  新材料的组合与创新是指利用已有的新材料,依据其卓越特性,对实验过程进行优化和改进,以提高材料性能、降低器材制备成本,使实验操作更加简便、实验现象更加直观、实验结果更快呈现,从而满足不同教学场景的应用需求,帮助学生更好地理解和应用科学概念。

实验4-1 **有趣的飞升纸**

 实验目的

燃烧飞升纸并观察其在燃尽前上升的现象，初步了解热空气上升的原理。

设计意图

飞升纸是一种特殊的纸张，通常用于魔术表演，比如它可以作为舞台魔术的道具。当飞升纸燃烧时，由于产生的热空气比周围冷空气轻，它会产生上升的动力，并在燃尽之前上升。这一现象能引发学生的好奇心，让他们初步意识到热空气会上升。

 实验材料

实验主要用到以下材料。如图 4-1-1。

飞升纸

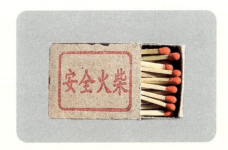

火柴

图4-1-1

 **实验过程**

步骤一： 将飞升纸折成柱状，竖直放在桌面上。如图4-1-2。

步骤二： 用火柴点燃飞升纸的顶部，使其慢慢向下燃烧。如图4-1-3。

步骤三： 当飞升纸即将全部燃尽时，在热空气的带动下，飞升纸会"飞起来"。如图4-1-4。

图4-1-2 图4-1-3 图4-1-4

 **实验优点**

1.实验现象明显且直观，学生可以清晰地看到纸张在燃烧过程中的上升现象，这有助于他们理解热空气上升的物理原理。

2.实验结合了魔术元素，可以激发学生的兴趣和好奇心。这种趣味性强的实验也更容易吸引学生的注意力。

3.实验所需材料简单，操作容易，便于学生在近距离观察中加深对科学原理的理解。

注意事项

1.实验涉及燃烧纸张的行为，因此必须在教师或家长的监督下进行。

2.实验者应保持安全距离，避免接触到火焰或被燃烧后的纸灰烫伤。

3.尽量在室内进行实验，避免风力影响纸张的上升过程。

实验4-2　观察热传导现象

实验目的

通过观察各种材料表面温变油墨颜色的变化，理解热传导方向及不同材料的传热性能差异。

设计意图

温变油墨是一种随温度改变而颜色发生变化的特种油墨，加热后会变色，温度降低后又会恢复原来的颜色。用温变油墨显示热传导方向，可以将不可见的热传导过程可视化。通过观察涂有温变油墨的材料加热后颜色的变化，可以理解热传导的方向及不同材料的传热性能差异。

实验材料

实验主要用到以下材料。如图 4-2-1。

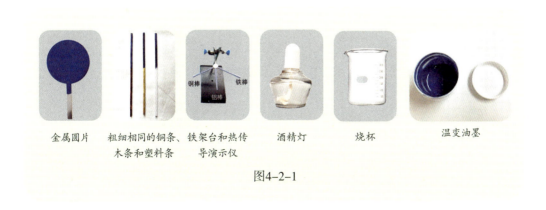

| 金属圆片 | 粗细相同的铜条、木条和塑料条 | 铁架台和热传导演示仪 | 酒精灯 | 烧杯 | 温变油墨 |

图4-2-1

实验过程

步骤一： 将涂有温变油墨的铜条固定在铁架台上。如图 4-2-2。

图4-2-2

步骤二： 将酒精灯分别放在铜条右侧和中间加热，观察热在铜条中的传导过程。如图 4-2-3。

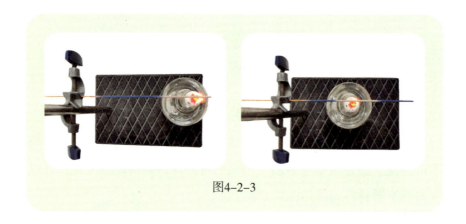

图4-2-3

步骤三： 手持一面涂有温变油墨的金属圆片（油墨面朝上），用酒精灯分别在金属圆片的中间和边缘加热，观察热在金属圆片上的传导过程。如图 4-2-4。

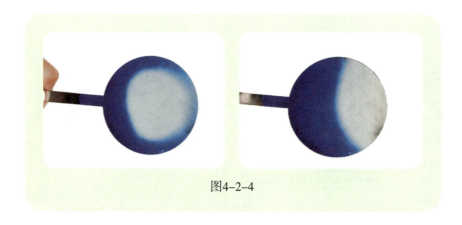

图4-2-4

步骤四： 在烧杯中加入 2/3 的热水，将涂有温变油墨的塑料条、木条和铜条同时放入水中，观察比较这 3 种材料传热的快慢。如图 4-2-5。

步骤五： 将涂有温变油墨的热传导演示仪固定在铁架台上，用酒精灯给中间的加热块加热，观察 3 种不同金属的传热快慢。如图 4-2-6。

图4-2-5

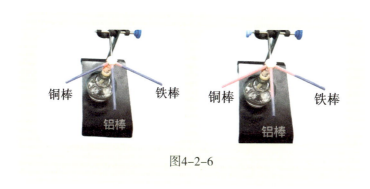

图4-2-6

实验优点

1. 利用温变油墨的颜色变化直观展示热传导的过程，不需要复杂的设备或操作，这样不仅避免了传统实验中因涂抹凡士林或蜡不均匀引起的误差，还简化了实验步骤，降低了操作难度。

2. 将温变油墨涂抹在金属棒或其他材料上，可以实现多次重复实验，降低了材料消耗和实验成本。

注意事项

1. 选择对比材料要注意粗细、长短相同，保证实验的科学性。

2. 要将温变油墨均匀地涂在实验材料上。如果选择可逆的温变油墨，实验材料就能重复使用。

实验4-3　比较不同材质餐具的导热性

实验目的

通过观察示温片在不同温度时的颜色改变，认识到不同材质的餐具具有不同的导热性能。

设计意图

本实验借助 50 ℃示温片，比较不同材质餐具的导热性。将示温片贴在不同材质的勺子勺柄处，观察示温片的颜色是否变化，借此观察热在不同材质的勺子中传导的快慢，让学生知道不同材质的勺子导热性能是不一样的，帮助学生理解要根据不同使用场景选择合适材质的勺子。

实验材料

实验主要用到以下材料。如图 4-3-1。

陶瓷勺子　　　竹勺子　　　金属勺子　　　塑料勺子　　　50℃示温片　　　烧杯

图4-3-1

 实验过程

步骤一： 在陶瓷勺子、竹勺子、金属勺子和塑料勺子的勺柄处贴上 50℃示温片。
如图 4-3-2。

步骤二： 将贴好示温片的 4 种勺子同时放入热水中。如图 4-3-3。

步骤三： 3 分钟以后，观察示温片的变色情况。变色了，说明勺柄温度较高，勺
子传热能力强；不变色，说明勺柄温度不高，勺子传热能力弱。如图
4-3-4。

图4-3-2

图4-3-3

图4-3-4

实验优点

1.通过示温片颜色的变化，可以直观地观察到热在不同材质餐具中的传导，从而认识到不同材质的餐具的导热性能是不一样的。

2.实验只用到了普通的示温片和不同材质的勺子，操作简单，适合低年级段学生自己动手操作。

注意事项

1.不同材质的勺子要同时放入热水中，确保实验的准确性。

2.实验中要注意安全，避免被热水或热的勺子烫伤。

 **实验4-4　瓦楞状纸的隔热作用**

 实验目的

　　通过观察比较平面纸和瓦楞状纸上温变油墨颜色变化的差异，知道瓦楞状纸具有较好的隔热性能。

 设计意图

　　本实验利用温变油墨在温度变化时迅速改变颜色的特性，通过观察平面纸和瓦楞状纸上温变油墨的颜色变化，比较两者的隔热能力。瓦楞状纸因中间含有空气层，通常具有较好的隔热性能，因此温变油墨在其表面的颜色变化较慢；而平面纸的隔热性能较差，使得温变油墨在其表面的颜色变化更加明显。通过这一实验，学生知道通过改变纸张的形状，可以有效地调节其隔热性能，以适应更多的应用需求。

 实验材料

　　实验主要用到以下材料。如图 4-4-1。

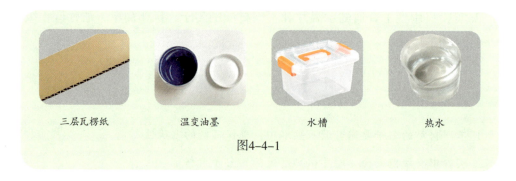

| 三层瓦楞纸 | 温变油墨 | 水槽 | 热水 |

图4-4-1

 **实验过程**

步骤一： 取 2 张边长为 10 厘米左右的正方形三层瓦楞纸，都撕去上下两层，只留下中间层瓦楞状纸。如图 4-4-2。

步骤二： 将其中一张中间层瓦楞状纸尽量拉平整，变成一张平面纸。在平面纸和瓦楞状纸表面分别涂上一层温变油墨。如图 4-4-3。

步骤三： 将涂有温变油墨的平面纸和瓦楞状纸贴在水槽侧面。

步骤四： 在水槽中倒入一定量的热水，观察纸上温变油墨的变色情况。如图 4-4-4。

图4-4-2 　　　　　　　图4-4-3 　　　　　　　图4-4-4

 **实验优点**

1. 以温变油墨的颜色变化为判断依据，学生可以清晰地看到平面纸和瓦楞状纸在相同条件下温变油墨的颜色变化差异，直观感受到瓦楞状纸的隔热作用。

2. 利用温变油墨进行观察，操作简单，现象明显，结果准确。

注意事项

1. 温变油墨要尽量涂抹均匀，保证实验的可靠性。

2. 本实验可以作为教师演示实验。往水槽倒热水时，要注意安全，防止烫伤。

实验4-5 利用压电陶瓷发电

 实验目的

　　通过拍打压电陶瓷，实现动能转化为电能，帮助学生理解不同能量之间的相互转化。

 设计意图

　　压电陶瓷是一种具有压电效应的陶瓷材料，能够将动能转化为电能。当对压电陶瓷施加压力时，它会产生电荷分离，从而产生电压。打火机内部的点火器就是压电陶瓷，能点亮 LED 灯。通过用新颖的压电陶瓷发电点亮发光二极管和 LED 灯，呈现能量转换的过程，激发学生对能量转化研究的兴趣。

 **实验材料**

　　实验主要用到以下材料。如图 4-5-1。

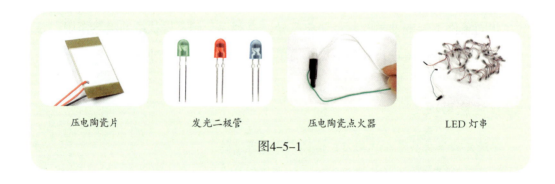

| 压电陶瓷片 | 发光二极管 | 压电陶瓷点火器 | LED 灯串 |

图4-5-1

🔬 **实验过程**

步骤一： 将发光二极管的长脚端与压电陶瓷片正极（红线）相连，短脚端与负极（黑线）相连。如图 4-5-2。

步骤二： 用手指不断拍打压电陶瓷片，观察发光二极管的亮灭情况。如图 4-5-3。

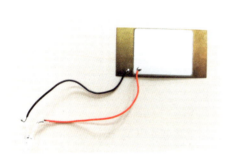

图4-5-2

图4-5-3

步骤三： 将压电陶瓷点火器的 2 个接线柱与 LED 灯串的 2 个接线柱相连，形成如图 4-5-4 的电路。

步骤四： 按下压电陶瓷点火器开关，观察 LED 灯的亮灭情况。如图 4-5-5。

图4-5-4

图4-5-5

实验优点

1. 压电陶瓷材料新颖，具有良好的压电效应，能直接将动能转化成电能。

2. 日常生活中打火机里的点火器是压电陶瓷，可供使用，取材方便。

3. 可瞬间点亮多个 LED 灯，具有很好的视觉效果，增加了实验的趣味性。

注意事项

1. 打火机中压电陶瓷点火器发出的电压一般在 5000 伏左右，无须考虑接线的正负极就能点亮发光二极管，但是用压电陶瓷片点亮发光二极管，需注意接线的正负极。

2. 拍打压电陶瓷片频率高一些，实验现象会更明显。

3. 使用压电陶瓷点火器时务必注意安全，切勿用于电击人体，以免造成伤害。

实验4-6 **用双导铜箔胶带连接电路**

 实验目的

通过使用双导铜箔胶带连接电路，能够更轻松地掌握电流流向和电路结构。

设计意图

双导铜箔胶带是一种具有2个导电表面的黏性材料，通常一面是铜箔，另一面是导电胶。使用双导铜箔胶带代替普通导线连接电路，将设计的电路图连接转换成简易电路，能帮助学生更好地建构"电路元件需要形成一个闭合的回路才能点亮小灯泡"这一概念。

 **实验材料**

实验主要用到以下材料。如图4-6-1。

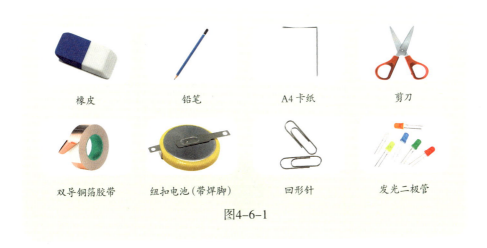

| 橡皮 | 铅笔 | A4卡纸 | 剪刀 |
| 双导铜箔胶带 | 纽扣电池（带焊脚） | 回形针 | 发光二极管 |

图4-6-1

步骤一：在 A4 卡纸上设计好所需要电路的电路图。如图 4-6-2。

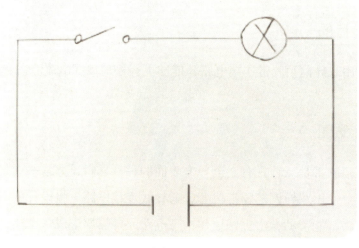

图4-6-2

步骤二：将回形针掰成"S"形，掰开发光二极管的灯脚后，把各电路元件放在电路图上对应的位置。如图 4-6-3。

图4-6-3

步骤三: 沿着电路图用双导铜箔胶带将各电路元件连接起来,将回形针的一端稍稍翘起。如图 4-6-4。

图4-6-4

步骤四: 按压回形针,观察小灯泡的亮灭情况。

实验优点

1.用双导铜箔胶带连接电路可以使电路结构和布线更加清晰可见,学生可以直接观察和分析电路的连接关系,从而理解电路工作原理和电流流动路径。

2.在卡纸上将设计好的电路图和用双导铜箔胶带连接的电路叠合在一起,能直观地把具象化的电路图连接转换成简易电路,帮助学生理解电路图的画法。

3.双导铜箔胶带在电路教学中应用广泛,可用于展示不同电路的连接方式,帮助学生深入分析电路原理,解决电学中的难点。

注意事项

发光二极管具有单向导电性,连接时要注意正确连接电池的正负极。

实验4-7 使用半导体制冷片发电

实验目的

使用半导体制冷片发电，知道热能可以转化成电能。

设计意图

电流通过半导体制冷片时，产生热电效应，冷端吸收热并传递到热端，在冷端和热端之间形成温差，这个温差可转化为电能，实现发电。在半导体制冷片的一面放上热水，造成两个表面的温差，进而将热能转化为电能，使小电动机转动。通过这一过程帮助学生更直观地理解热能可以转化为电能。

实验材料

实验主要用到以下材料。如图 4-7-1。

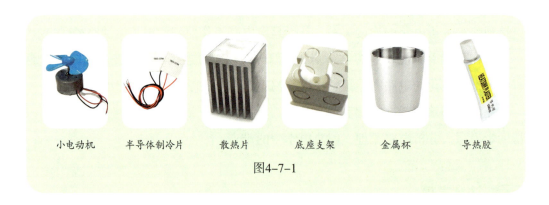

| 小电动机 | 半导体制冷片 | 散热片 | 底座支架 | 金属杯 | 导热胶 |

图4-7-1

🔬 实验过程

步骤一：将导热胶均匀地抹在散热片上，把半导体制冷片和散热片粘在一起。如图 4-7-2。

步骤二：将小电动机安装在底座支架上。如图 4-7-3。

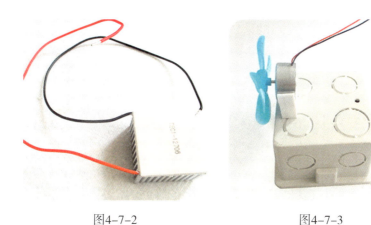

图4-7-2   图4-7-3

步骤三：把粘有半导体制冷片的散热片固定在底座上，并把半导体制冷片和小电动机的电线连接起来。如图 4-7-4。

步骤四：在半导体制冷片的上面放上金属杯，并加入热水。观察小电动机的螺旋桨的转动情况。如图 4-7-5。

图4-7-4   图4-7-5

实验优点

1.利用半导体制冷片将热能直接转化为电能，这种方式比较简单，便于学生理解。

2.半导体制冷片作为一种新型的能量转换材料，为学生呈现了一种全新的能量转化方式。通过使用这种材料，学生不仅能加深对传统能量转化原理的理解，还能拓展对新型能源技术和材料的认知。

注意事项

1.实验过程中需要用到热水，要注意安全，防止烫伤。

2.本实验使用的是一整套材料，可以直接购买获得。

3.半导体制冷片还可以应用于温差自动搅拌杯。温差自动搅拌杯利用内置热电发电片将温差转换为电能，驱动小型磁力搅拌器旋转来进行搅拌。这种杯子不需要电源，依靠热水和杯子的温差就可以实现自动搅拌。如图 4-7-6。

图4-7-6

实验4-8 使用菲涅尔透镜点火

 实验目的

通过使用菲涅尔透镜将太阳光汇聚并点燃纸张，知道放大镜有聚集光线的作用，放大镜的直径越大点火效果越好。

 **设计意图**

菲涅尔透镜也称为螺纹透镜，多由透明塑料制成，是一种特殊的折射透镜。它比普通玻璃透镜轻薄许多，同时保持了透镜的聚光性质，且降低了成本。菲涅尔透镜能将散射的光线会聚于一点，形成高强度光束，足以产生点燃纸张等易燃物品的热量。

实验材料

实验主要用到以下材料。如图 4-8-1。

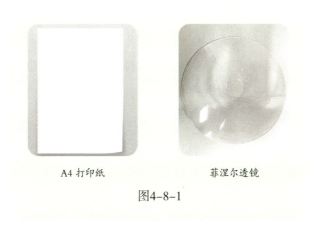

A4 打印纸　　　　　菲涅尔透镜

图4-8-1

实验过程

步骤一： 选用直径 20 厘米的菲涅尔透镜，调节菲涅尔透镜的角度，使其与太阳光成直角。

步骤二： 调整菲涅尔透镜与 A4 打印纸的距离，直到透过透镜的太阳光会聚成一点，聚焦在 A4 打印纸上。聚焦处的温度迅速上升至纸张的燃点，从而点燃 A4 打印纸。如图 4-8-2。

图4-8-2

实验优点

1. 菲涅尔透镜是一种新颖的材料，菲涅尔透镜点燃纸张的方式，能够生动形象地展示透镜的聚光效果，给学生留下深刻的印象。

2. 菲涅尔透镜的放大倍数一般很低，直径比较大，但点火效果比普通放大镜好。

注意事项

1. 请确保在教师或成人监护下进行实验，并严格遵守防火安全规范。

2. 为了提升实验成功率，要选择在天气暖和并且阳光充足的情况下进行。

 实验4-9 高分子吸水材料

 实验目的

观察吸水材料快速吸水的过程，了解高分子材料的吸水特性。

 设计意图

高分子吸水材料是一种具有高吸水性能和保水能力的新型材料。在杯子底部加入高分子吸水材料，往杯子里加入一定量的水。过一会儿，杯子的"水"就无法倒出来了。通过感受这一神奇的现象，学生能够了解高分子材料的吸水特性。

 **实验材料**

实验主要用到以下材料。如图 4-9-1。

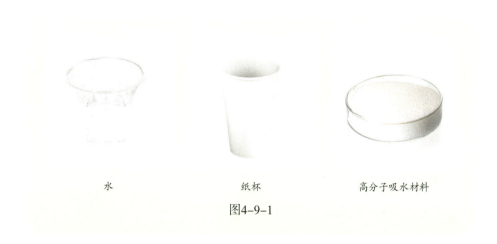

水　　　　　　　　　　纸杯　　　　　　　高分子吸水材料

图4-9-1

实验过程

步骤一： 在纸杯中加入适量的高分子吸水材料。

步骤二： 将水倒入纸杯中。如图4-9-2。

步骤三： 大约30秒后，可以假装把水倒到头顶上，此时水已经无法倒出。如图
4-9-3。

图4-9-2　　　　　　　　　　图4-9-3

实验优点

1. 采用魔术形式，假装将水倒到头顶上，水无法倒出，激发学生想解密水为
什么不能倒出的研究兴趣，给学生带来一种新奇的体验。

2. 高分子吸水材料具有很强的吸水性，仅一瓶盖的量即可吸收约500毫升的
水。通过了解高分子吸水材料，学生不仅能加深对这类材料的认识，还能激发他
们探索新材料在日常生活中的应用的热情。

 **注意事项**

1. 该实验所需材料具有强吸水性，不能食用。

2. 假装将水倒到头顶上之前，可以轻轻摇晃一下纸杯，以确认里面已经没有液体，
再假装倒水。

第五章

项目学习的渗透与实施

　　项目学习的渗透与实施是指将分散的实验过程整合到完整的项目式学习中。明确任务后，引导学生通过实验来解决实际问题，从而培养他们的综合能力和创新思维。在完成项目的过程中，学生的学习兴趣得到激发，学生的动手能力、自主学习能力、团队合作能力以及解决实际问题的能力均得到显著提升，同时创新意识也得到增强。选择合适的实验材料，使学生在实验中体验"明确任务—设计方案—制作产品—改进产品—评价反思"的完整过程，有助于发展学生的核心素养。

 实验5-1 用橡皮筋驱动小车

 实验目的

通过制作和测试橡皮筋动力小车，知道橡皮筋具有弹性，能给小车提供动力，知道橡皮筋缠绕圈数会影响小车的运动距离。

 设计意图

本实验利用橡皮筋动力小车材料包组装橡皮筋动力小车，通过项目的方式，学生经历"明确问题→组装小车→测试小车→得出结论"的过程。在学生测试橡皮筋动力小车的过程中，引导学生用比较、分析的方法，得出结论：橡皮筋缠绕圈数越多，小车行驶距离越远；橡皮筋缠绕圈数越少，小车行驶距离越近。

 实验材料

实验主要用到以下材料。如图 5-1-1。

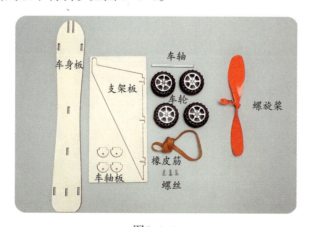

图5-1-1

 实验过程

步骤一： 创设情境，明确任务。班级要举行自制赛车比赛，请各赛车团队制作一辆橡皮筋动力小车，比较小车行驶的距离远近，评选出行驶距离最远的赛车团队。

步骤二： 组装橡筋动力小车。

（1）将支架板安装在车身板上，并用螺丝固定。如图 5-1-2。

图5-1-2

（2）将 4 块车轴板安装在车身板的底部。如图 5-1-3。

图5-1-3

（3）在前后车轴板的小孔中各插入一根车轴，并在车轴两侧安装上轮子。如图 5-1-4。

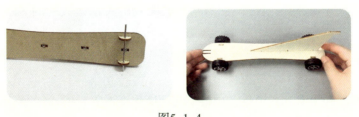

图5-1-4

（4）将螺旋桨固定在支架板的尾端，用橡皮筋的一端套在螺旋桨上，另一端套在车身板前端的夹缝中。如图 5-1-5。

图5-1-5

步骤三：测试小车。各小组的小车从同一起点出发，分别测试各小车一次能行驶的最远距离。以车头为起点，车尾为终点，记录相对应的格子数，重复实验 3 次，取最大值作为该辆小车行驶的最远距离。调整小车上橡皮筋的圈数，测试每次小车行驶的最远距离。如图 5-1-6。

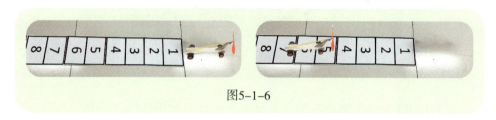

图5-1-6

实验优点

1. 学生亲手制作和操作橡皮筋动力小车，他们能够在动手实践中感受科学的魅力和实验的趣味性。

2. 以任务驱动的方式引导学生完成橡皮筋动力小车的组装与测试，学生参与橡皮筋动力小车制作的主动性高。

3. 无论是小车的组装，还是橡皮筋的安装、测试与橡皮筋的圈数调整，都能让学生在实验中体验到橡皮筋的圈数与行驶距离的关系，实验的实践性强。

注意事项

1. 在制作过程中要注意安全，使用工具时操作要规范。

2. 在测试小车时，起点要对齐，出发时不可以用外力推小车。

实验5-2 制作气球赛车

 实验目的

通过设计、制作、测试气球驱动赛车，知道：在比较不同赛车行驶距离远近的过程中，气体喷出时会产生一个与其喷出方向相反的反冲力；反冲力越大，小车行驶的距离越远。

 设计意图

本实验旨在引导学生利用身边常见的实验材料设计、制作、测试气球赛车，并观察反冲力在实际中的应用。通过测试气球赛车，让学生明白反冲力的方向和气体喷出的方向相反。通过对比不同设计方案的气球赛车行驶距离的不同，帮助学生理解反冲力大小与运动距离的关系。

 实验材料

实验主要用到以下材料。如图 5-2-1。

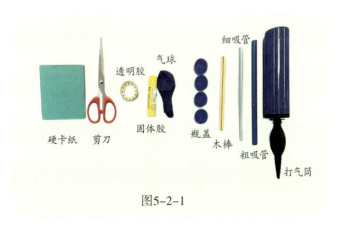

图5-2-1

 实验过程

步骤一： 根据以上实验材料，设计一个具有动力的气球赛车。如图 5-2-2。

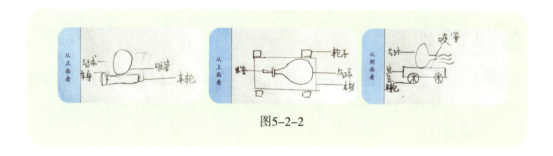

图5-2-2

步骤二： 根据设计图，先在大小合适的硬卡纸上用透明胶或固体胶粘上2根细吸管。如图 5-2-3。

步骤三： 将 2 根木棒分别插入 2 根细吸管中，作为车轴。木棒比细吸管长 2 厘米左右，两侧各留出 1 厘米。如图 5-2-4。

图5-2-3

图5-2-4

步骤四： 使用打孔器在 4 个瓶盖上各打一个孔。如图 5-2-5。

图5-2-5

步骤五：将木棒插入瓶盖孔中，安装好 4 个车轮。如图 5-2-6。

图 5-2-6

步骤六：用透明胶将气球与粗吸管粘起来，作为气球赛车的动力装置。如图 5-2-7。

图5-2-7

步骤七：将动力装置安装在气球赛车上。如图 5-2-8。

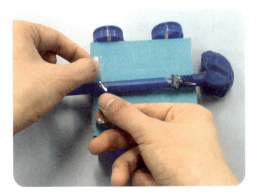

图5-2-8

步骤八：测试和改进气球赛车，让气球赛车行驶得更远，如图 5-2-9。记录每次
行驶的距离。

图5-2-9

实验优点

1. 利用气球、纸板、瓶盖等生活中常见材料制作赛车，既环保又方便。

2. 通过观察气球喷出气体的方向和气球赛车运动的方向，观察气球大小与气
球赛车行驶距离的关系，加深对"反冲力"这一概念的理解。

3. 气球赛车实验寓教于乐，以比赛的形式进行，增加了活动的趣味性和竞争
性，有利于激发学生主动参与的热情。

注意事项

1. 气球与吸管之间要连接紧密，不要漏气。

2. 固定车轴或吸管时要尽量使结构对称，保持平衡，这样气球赛车才不容易跑偏。

实验5-3　精准到站的气球小车

 实验目的

通过改变气球充气量，让气球小车精准到站。在完成这个任务的过程中运用"反冲力越大，小车行驶距离越远"的原理解决实际问题。

 **设计意图**

本实验设计了一个任务：让气球小车精准到站。通过不断调整充入气球的空气量，将气球小车送至指定位置。在完成任务的过程中，学生会发现：充入的气体过多会导致小车行驶的距离过远；充入的气体过少则会导致小车行驶的距离不足。通过不断调试，学生逐渐知道，充入的气体量越多，产生的反冲力越大，小车行驶的距离也就越远。

实验材料

实验主要用到以下材料。如图 5-3-1。

气球　　　　　　　　玩具小车　　　　　　　打气筒

图5-3-1

141

 实验过程

步骤一： 组装气球小车。打开玩具小车的盖子，将气球套在小车内的气嘴上。扣上盖子，气球小车组装完成。如图 5-3-2。

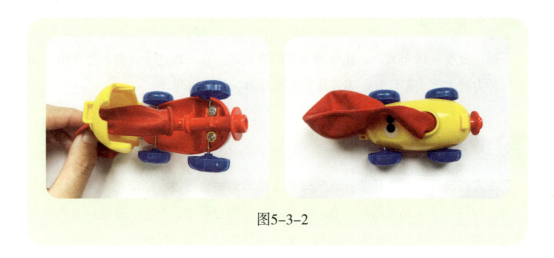

图5-3-2

步骤二： 创设情境，明确任务。给气球充气，你能让气球小车出发后，靠气球的反冲力，让气球小车行驶到停车点，实现精准到站吗？如图 5-3-3。

图5-3-3

步骤三： 工程测试。给气球充入一定量的气体，按下"go"键，气球小车就能向前行驶。尝试改变充气筒数，让气球小车能刚好停在停车点，并记录相应的实验数据。如图 5-3-4。

图5-3-4

🎖 实验优点

1.本实验以完成让小车精准到站的任务为导向，引导学生不断调试充入气球的气体量，从而实现小车精准到站的目标。

2.面对如何将小车精准送达站点的问题，学生需要运用所学知识和创造性思维来解决。这有助于提升学生解决问题的能力，培养其高阶思维。

3.学生通过不断尝试，完成具有挑战性的任务，能够体验到学习科学的乐趣和成就感，产生好奇心和求知欲。

🔘 注意事项

1.组装时，气球与小车、小车与打气筒要紧密相连，不要漏气。

2.给气球充入气体时，打气筒每次都要压到底，保证每筒充入的空气量基本相同。

实验5-4 制作和测试斜面

 实验目的

通过设计、制作和测试斜面，知道利用斜面搬运物体能省力，能利用斜面解决生活中向上搬运重物的问题。

 设计意图

通过项目任务驱动学生进行设计并制作一个斜面，完成特定的搬运任务，用更小的力将重物搬上货车。在这个项目中，学生经历了从明确问题到设计制作，再到不断改进，最后挑战成功的工程实践过程，认识到利用斜面能够省力，能用更小的力将重物提升到指定高度。

 实验材料

实验主要用到以下材料。如图 5-4-1。

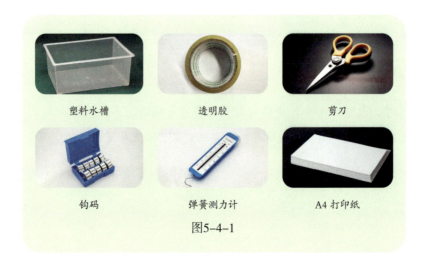

图5-4-1

 **实验过程**

步骤一：创设情景。快递员经常要将货物搬上货车，有时货物太重，快递员无法直接将其搬上货车，能不能制作一个工具，帮助他用更小的力将重物搬上货车。如图 5-4-2。

图5-4-2

步骤二：出示使用的材料，用塑料水槽模拟货车，用钩码代表重物，设计一个简易的实验方案。如图 5-4-3。

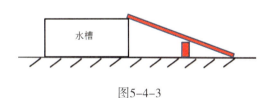

图5-4-3

步骤三：领取材料，根据设计方案制作一个斜面。如图 5-4-4。

步骤四：测试制作的斜面能否实现用更小的力将重物搬上货车。如图 5-4-5。

图5-4-4   图5-4-5

实验优点

1. 该实验设计紧密联系实际生活场景，模拟快递员搬运重物上货车的过程，增强了实验的现实意义和情境代入感。

2. 通过绘制简易的设计图，清晰地展示了如何利用纸等材料制作一个斜面，有利于培养学生的空间想象能力和逻辑思维能力，也为后续的制作与测试环节提供了明确的操作方向。

3. 学生在实践中感受斜面，体验并理解斜面能省力的原理，从而提升动手能力和解决实际问题的能力。

注意事项

1. 要注意根据测量范围选择量程合适的弹簧测力计。

2. 弹簧测力计每次测量前都需要调零，拉动时要尽量保持匀速，待弹簧测力计的示数稳定时再读数。

实验5-5 制作和测试"过山车"

 实验目的

制作和测试"过山车",会描述物体的位置、路线、运动方式及运动快慢等。

 设计意图

制作和测试"过山车"是为了将多个活动串联起来,以帮助学生自主回顾、梳理、应用关于物体的运动的学习内容。利用模具开模制作12厘米的曲线轨道和长短直线轨道,再结合乐高积木中的一些塑料积件,制作各种不同形状的"过山车",体验制作和测试"过山车"的乐趣。

实验材料

实验主要用到以下材料。如图5-5-1。

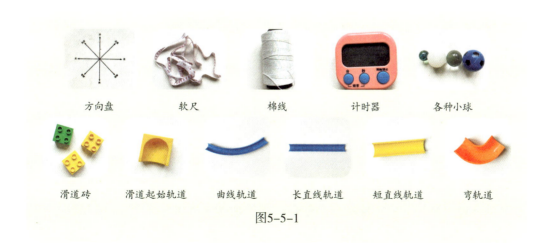

| 方向盘 | 软尺 | 棉线 | 计时器 | 各种小球 |

| 滑道砖 | 滑道起始轨道 | 曲线轨道 | 长直线轨道 | 短直线轨道 | 弯轨道 |

图5-5-1

 实验过程

步骤一： 用多块滑道砖和多个不同形状的轨道搭建一个总长至少2米的"过山车"。
如图 5-5-2。

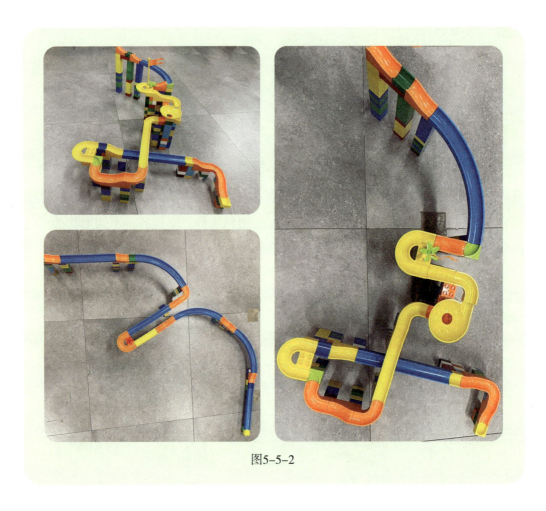

图5-5-2

步骤二： 小球从起点开始在轨道上自由滚动。使用方向盘来描述小球的位置。

步骤三： 将棉线放在轨道上，量出小球运动的路线，然后用软尺测量棉线的长度，
棉线的长度即小球运动的实际距离。如图 5-5-3。

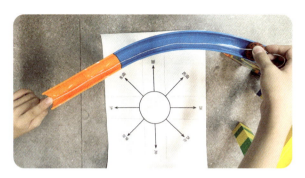

图5-5-3

步骤四：仔细观察小球的运动过程，用运动的快慢来描述小球的整个运动过程，用直线运动和曲线运动来描述小球的运动方式。

实验优点

1. 利用模具开模制作曲线轨道和直线轨道，结合乐高积木中的积件，可以帮助学生搭建一个总长至少 2 米的过山车，解决了原实验中没有合适实验材料的问题。

2. 制作和测试"过山车"的活动将位置、路线、速度等概念形象地展现出来，并把物体运动的相关内容巧妙地串联起来，帮助学生加深对知识的理解。

3. 通过实际操作，将抽象的概念转化为直观的实践体验，能增强学生的实验探究能力，提升他们的创新思维。

注意事项

1. 测试时，让小球从起点自由滑落，不能用手推小球。

2. 测量小球运动的距离时，可以先用棉线量出小球运动的路线，再用软尺测量棉线的长度，这样测得的数据会更准确。

实验5-6   神奇的纸

 实验目的

利用报纸做一个既能支撑杯子，又能隔热的杯垫，知道经过改造后的纸既有一定的支撑力，又有一定的隔热功能。

 设计意图

在日常生活中，我们有时会遇到热水杯温度过高导致桌面受损的问题。为解决这一问题，我们可以通过改变报纸的形状，制作报纸杯垫。将热水杯置于杯垫上，使用测温贴片检测改造后的杯垫是否具备隔热性能。学生在制作杯垫的过程中，能够经历产品设计开发的完整流程，初步体会到改变物体形状可以改变其性能，从而使其在生活中发挥更大的作用。

 **实验材料**

实验主要用到以下材料。如图 5-6-1。

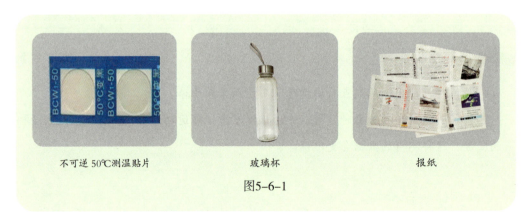

| 不可逆 50℃测温贴片 | 玻璃杯 | 报纸 |

图5-6-1

实验过程

步骤一： 将一张报纸打开放在不可逆 50℃测温贴片上，再将装满热水的玻璃杯放在报纸上。当接触的物体超过 50℃时，不可逆 50℃测温贴片的颜色由白色变成黑色，降温后仍显示黑色。观察到测温贴片因温度超过 50℃而变黑，说明温度太高，可能会把桌子烫坏，垫报纸没有达到预期的隔热效果。如图 5-6-2。

图5-6-2

步骤二： 将报纸折叠成各种不同的形状。如图 5-6-3。

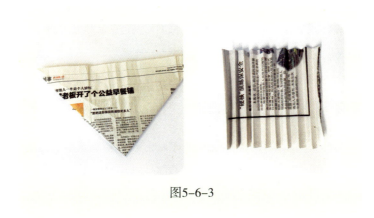

图5-6-3

步骤三： 将改造后的报纸分别放在新的测温贴片上，再将装满热水的玻璃杯放在报纸上进行测试。如果测温贴片为白色，说明温度已经低于50℃，达到预期隔热效果；如果测温贴片变黑，说明温度超过50℃，没有达到预期隔热效果。如图5-6-4。左图中测温贴片变黑，没有达到预期隔热效果，说明报纸改造失败；右图中测温贴片没有变黑，达到了预期隔热效果，说明报纸改造成功。

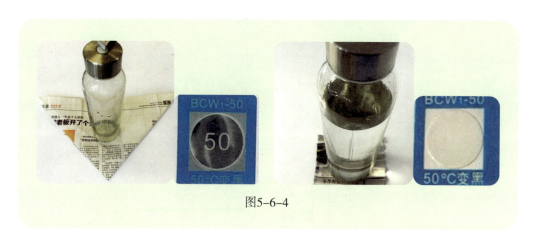

图5-6-4

实验优点

1.通过设计和制作杯垫的任务，让学生主动改变报纸形状，从而使这张报纸既有一定的支撑力，又有一定的隔热功能，化被动完成为主动学习。

2.借助新材料，利用不可逆50℃测温贴片，检测学生做的杯垫产品的隔热效果，检测过程方便，检测结果清晰。

注意事项

1.注意热水不能太烫，检测杯垫的过程可以由教师协助完成，避免学生因操作不当烫伤。

2.测温贴片可以根据实验时的气温和水温来选择不同的品牌。

实验5-7　水的凝结

实验目的

通过蒸馏装置，知道水的凝结现象，能够利用水的凝结制取淡水。

设计意图

本实验利用蒸馏装置制取淡水，让学生经历"明确问题→制取淡水→研讨分析→改进优化"的过程。在学生制取淡水的过程中，引导学生用比较、分析的方法，知道利用蒸馏装置可以制取淡水，得出"环境的温度越低，水蒸气凝结的速度越快；环境的温度越高，水蒸气凝结的速度越慢"的结论。

实验材料

实验主要用到以下材料。如图 5-7-1。

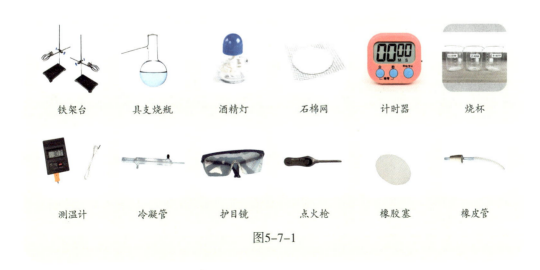

| 铁架台 | 具支烧瓶 | 酒精灯 | 石棉网 | 计时器 | 烧杯 |
| 测温计 | 冷凝管 | 护目镜 | 点火枪 | 橡胶塞 | 橡皮管 |

图5-7-1

 **实验过程**

步骤一： 创设情境，明确任务。有一瓶海水，不能直接饮用，如何利用蒸馏装置制取可以饮用的淡水。

步骤二： 用铁架台、酒精灯、具支烧瓶、橡胶塞、橡皮管、冷凝管、测温计和3个烧杯组装一套蒸馏装置。将冷凝管的下口堵住，在冷凝管的上口插入测温计，测量冷凝管中水的温度。图5-7-2为实验装置示意图。

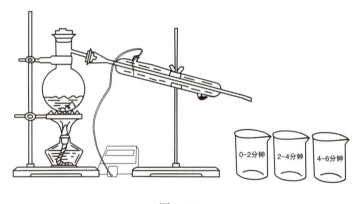

图5-7-2

步骤三： 用点火枪点燃酒精灯，水沸腾后，当冷凝管开始滴水时开始计时。每2分钟换一个烧杯收集冷凝水，在表5-7-1中记录测温计的示数变化和不同时间段冷凝水的水量。

表 5-7-1

时间	0～2分钟	2～4分钟	4～6分钟
温度变化	（　）～（　）	（　）～（　）	（　）～（　）
每2分钟水量多少（多、中、少）			

　1. 温度高低与水凝结快慢的关系：

　2. 其他发现或疑问：

步骤四：观察不同时间段冷凝水的水量，分析水凝结快慢与冷凝管温度的关系。

如图 5-7-3。

图5-7-3

实验优点

1.以任务驱动的方式引导学生制取淡水，学生主动参与并亲自使用蒸馏装置制取淡水，从而在动手实践中体验科学的魅力。

2.通过分析实验中冷凝管温度与冷凝水水量的变化，学生能够理解凝结快慢与周围环境温度之间的关系。

注意事项

1.在制取淡水的过程要戴上护目镜和手套，使用加热工具时操作要规范，注意安全。

2.在记录实验数据、更换烧杯时动作要迅速，从而提高数据的准确性。

第六章

趣味实验的构思与开发

　　趣味实验的构思与开发是指基于学生的兴趣爱好和认知水平，设计出富有趣味性和互动性的实验，以吸引学生参与并满足其好奇心和探究欲。这类实验不仅有助于培养学生持续的学习兴趣，还能提升其观察和分析问题的能力，提高专注力。学生通过在轻松愉快的氛围中进行科学探究，能够逐步培养终身学习的习惯和科学探索的精神。

 **实验6-1** **走马灯**

实验目的

通过制作并观察走马灯，知道空气受热会上升。

设计意图

走马灯是一种中国传统玩具，属于灯笼的一类，常见于元旦、元宵、中秋等节日。学生利用身边常见的材料，制作一个简易的走马灯。点燃的蜡烛会将周围的空气加热，使走马灯中的空气膨胀并变得轻盈。这种轻盈的热空气会上升，进而驱动走马灯内的轮轴转动。在这样的实验中，学生不仅可以亲手制作一个中国传统玩具，还可以观察到热空气上升的现象。

实验材料

实验主要用到以下材料。如图6-1-1。

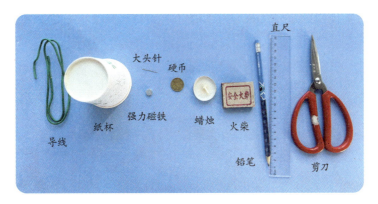

图6-1-1

实验过程

步骤一： 将硬币放在纸杯底部中心，用铅笔围绕硬币画出一个圆。如图 6-1-2。

步骤二： 借助直尺，用铅笔在刚才画的圆的周围画 8 个扇叶，尽量保证扇叶大小统一、间隔均匀。如图 6-1-3。

步骤三： 用剪刀剪开每一个扇叶，并将剪开后的扇叶向上翻折。如图 6-1-4。

图6-1-2

图6-1-3

图6-1-4

步骤四： 将大头针从杯底中央穿出。如图 6-1-5。

步骤五： 将导线制作成15～20厘米高的灯架,灯架底部盘成蚊香状,灯架顶部弯折,用于固定强力磁铁。如图 6-1-6。

步骤六： 在灯架顶部固定强力磁铁。如图 6-1-7。

图6-1-5

图6-1-6

图6-1-7

步骤七：将制作好的纸杯借助大头针吸附在强力磁铁上，并将点燃的蜡烛放在灯
架底座上，观察纸杯的转动情况。如图 6-1-8。

图6-1-8

实验优点

1. 本实验用纸杯、磁铁、导线、蜡烛等常见材料来制作走马灯，材料易得，
制作简单，适合各个年龄阶段的学生。

2. 随着蜡烛的燃烧，学生可以清晰地看到走马灯的转动，实验效果明显。学
生还可以将手放在灯架顶部感受热空气的上升流动。

注意事项

1. 灯架高度需综合考虑纸杯高度和蜡烛火焰高度，使蜡烛的火焰靠近但不贴住纸
杯，方便四周冷空气的补充和中间热空气的上升，同时要避免蜡烛把纸杯点燃。

2. 实验过程中要注意安全，使用剪刀、大头针时避免扎伤自己和他人，使用火柴
和蜡烛时要注意用火安全。

 **实验6-2 空气大炮**

 实验目的

利用生活中常见的塑料瓶、气球,制作空气大炮,并体验空气大炮飞行的过程,知道空气流动能产生动力。

 设计意图

空气大炮是一种利用快速释放压缩空气或其他气体来产生推力的装置。它通过迅速释放气体产生强劲气流,从而推动轻物体飞行。本实验利用气球和矿泉水瓶等材料制作一个简易空气大炮,用以熄灭蜡烛。该实验可以让学生观察和体验空气被压缩、被释放的过程,并进一步感受空气大炮的威力,从而提升学生的动手能力、观察能力和思维能力。

 **实验材料**

实验主要用到以下材料。如图 6-2-1。

图6-2-1

📷 **实验过程**

步骤一：将矿泉水瓶从中间剪开，并将开口处修剪整齐。如图 6-2-2。

步骤二：将气球从中间剪开，去除气球气口部分。如图 6-2-3。

图6-2-2

图6-2-3

步骤三：用剩下的气球皮套住矿泉水瓶上部的开口，空气大炮制作完成。如图 6-2-4。

步骤四：将矿泉水瓶的瓶口对准点燃的蜡烛，用手拉伸气球皮再松开，观察蜡烛火焰的变化。如图 6-2-5。

图6-2-4

图6-2-5

实验优点

1. 本实验所用的矿泉水瓶和气球等材料容易得到，整个实验制作过程简单，符合学生的操作水平，便于他们进行实践操作。

2. 实验中使用空气大炮熄灭蜡烛的现象非常明显，有助于学生进一步理解"空气流动能产生动力"。

3. 学生还可以用制作的空气大炮射击纸杯，直观展示空气动力击倒纸杯的效果。

注意事项

1. 矿泉水瓶开口处要修剪整齐，避免割伤手。

2. 气球皮大小要与矿泉水瓶的横截面相适应，如过大可以用胶带固定，防止脱落。

3. 使用剪刀、蜡烛时要注意安全。

 **实验6-3 连通气球**

 实验目的

通过连通大小不同的气球，知道在大气球和小气球连通时，由于小气球的气球皮厚，收缩力强，气体会被挤压到大气球里，使大气球变大。

 设计意图

在学生的一般思维中，通常会认为当大气球和小气球连通时，气体会从大气球流向小气球，并最终使两个气球变得一样大，从而形成错误的认知。然而，实际操作后发现，连通两个大小不同的气球后，大气球反而会变得更大，小气球则会变得更小。这一客观的实验现象与以往的认知形成了反差，可以激发学生强烈的好奇心和求知欲，引发学生进行更深入的思考。

 **实验材料**

实验主要用到以下材料。如图 6-3-1。

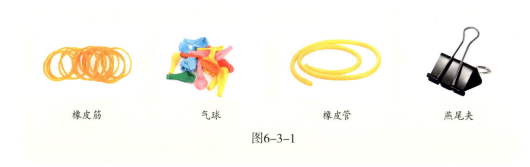

橡皮筋　　　　　气球　　　　　橡皮管　　　　　燕尾夹

图6-3-1

实验过程

步骤一： 吹一大一小两个气球，并用橡皮筋把气球系起来，防止漏气。如图6-3-2。

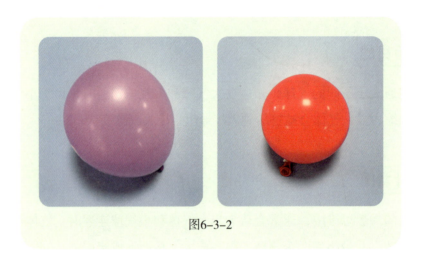

图6-3-2

步骤二： 使用燕尾夹将橡皮管紧紧地夹住，阻止气体在橡皮管内流通。如图6-3-3。

步骤三： 将橡皮管的两端分别插入两个大小不同的气球中，并用橡皮筋紧紧地固定住橡皮管和气球相接的地方，确保气体不会在橡皮管和气球的接口处泄漏。如图 6-3-4。

步骤四： 松开燕尾夹，橡皮管中的气体得以自由流通，观察两个气球大小的变化情况。如图 6-3-5。

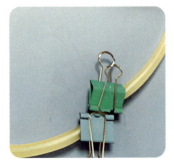
图6-3-3

图6-3-4

图6-3-5

实验优点

1.实验现象有趣生动，容易形成认知冲突，引起学生强烈的探究兴趣和好奇心，增加学习的趣味性。

2.大气球和小气球连通时小气球变得更小、大气球变得更大的现象，直观地展示出气球皮收缩能力的差异。

注意事项

1.在实验时，要注意气球的充气程度，避免因过度充气导致气球破裂，同时确保两个气球的大小有明显差异。

2.用橡皮筋系气球时可以先拧一拧，再扎紧，防止漏气。

实验6-4　做一个喷泉

实验目的

通过制作一个简易的喷泉，知道空气受热后会快速膨胀，占据瓶内更多空间，挤压瓶中的水向外流动，形成喷泉。

设计意图

通过喷泉实验，学生可以直观地观察到空气受热后的膨胀现象。当用热水加热瓶内空气时，空气体积迅速扩大，产生压力，将水从瓶子中挤出，从而形成喷泉效果。这一过程帮助学生发现水和空气受热时膨胀程度的差异，进一步理解空气受热快速膨胀对水产生压力而形成喷泉效果，加深对空气特性的认识。

实验材料

实验主要用到以下材料。如图 6-4-1。

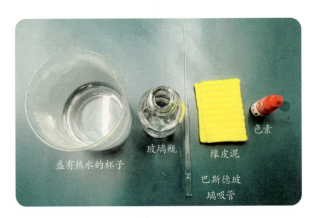

图6-4-1

 **实验过程**

步骤一： 在玻璃瓶中加入适量冷水，并滴入 1～2 滴色素。如图 6-4-2。

步骤二： 将巴斯德玻璃吸管插入玻璃瓶中，用橡皮泥将其固定在瓶口处，并使吸管高出瓶口。如图 6-4-3。

步骤三： 将做好的装置浸入热水中，等待片刻，就可以观察到喷泉。如图 6-4-4。

图6-4-2　　　　　　　图6-4-3　　　　　　　图6-4-4

实验优点

1. 喷泉实验的现象非常直观，学生可以直接观察到瓶中的空气受热膨胀而使水喷出来的现象，也能更好地理解空气的热胀冷缩。

2. 实验材料简单，使用巴斯德玻璃吸管直接制作喷泉，不仅省去了给玻璃管拉尖嘴的复杂步骤，还大大降低了实验的难度，提高了实验的可行性。

注意事项

1. 巴斯德玻璃吸管的长度要超过瓶子的高度。

2. 巴斯德玻璃吸管较为脆弱，容易断裂，操作过程中应轻拿轻放，避免过度用力或碰撞。

3. 使用热水时，要注意安全，谨防烫伤。

实验6-5 制作咯咯杯

实验目的

通过制作咯咯杯，直观地感受振动产生声音带来的乐趣。

设计意图

本实验利用棉线、牙签和纸杯等简单材料，制作出一个能发出"咯咯"声的装置。实验中，手指与棉线间的摩擦使棉线产生振动，这些振动传递到牙签和纸杯上，引发它们及杯内空气的共振，从而发出独特的声音。在这个过程中，学生能够直观地观察和体验振动如何传递，进而理解声音是如何产生的。

实验材料

实验主要用到以下材料。如图 6-5-1。

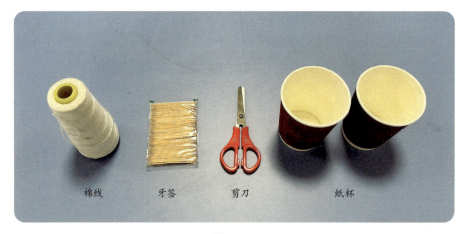

棉线　　　　牙签　　　　剪刀　　　　纸杯

图6-5-1

🔬 **实验过程**

步骤一: 用牙签在纸杯底部钻一个小孔。如图 6-5-2。

步骤二: 用剪刀取一段棉线,将棉线穿过纸杯底部小孔。如图 6-5-3。

图6-5-2

图6-5-3

步骤三: 剪一小截牙签,绑在穿过纸杯底部的棉线上,拉直纸杯外的棉线,使小截牙签刚好卡在纸杯底部。如图 6-5-4。

步骤四: 一手握住纸杯,沾湿另一只手的大拇指和食指后紧握棉线并快速拉动,引起棉线振动,进而使振动传递到纸杯底部,最终使纸杯产生共振并发出类似"咯咯"的共鸣音。如图 6-5-5。

图6-5-4

图6-5-5

实验优点

1. 使用生活中常见的材料如棉线、牙签和纸杯等，不需要特殊或昂贵的器材，学生在家中即可开展实验。

2. 通过摩擦和振动制造和传递声音的过程具有很强的互动性和娱乐性，能吸引学生的注意力，提高学生参与科学探索的兴趣和积极性。

注意事项

在拉动棉线时，需要适度用力以产生足够的振动，但也不能用力过猛，以免划伤手指。

实验6-6　制作公平杯

实验目的

用简单易得的实验材料制作公平杯，知道当杯中的水加到一定水位时，水会通过管道向上爬升然后往下流，从而理解虹吸现象。

设计意图

在不借助外力的情况下，超过一定水位时，水就会从吸管中流出来，即产生虹吸现象。通过制作公平杯并进行实验，学生能够直观地看到虹吸现象，并理解虹吸作用如何使液体从一个容器转移到另一个容器。通过该实验提升学生的研究兴趣，促进他们对虹吸现象的认识与思考。

实验材料

实验主要用到以下材料。如图 6-6-1。

图6-6-1

🔬 **实验过程**

步骤一： 用剪刀在 1 个塑料杯底部扎 1 个小圆孔，大小接近弯头吸管直径。如图 6-6-2。

步骤二： 将弯头吸管从杯中插到孔外，把吸管弯头留在杯中。如图 6-6-3。

图6-6-2   图6-6-3

步骤三： 用橡皮泥堵住小孔，固定弯头吸管和塑料杯，不留缝隙，避免漏水。如图 6-6-4。

步骤四： 为了更清楚地观察水在弯头吸管内的流动，可在水中滴入 1～2 滴色素。如图 6-6-5。

图6-6-4   图6-6-5

步骤五：向固定有弯头吸管的公平杯中缓慢加入水，当水位没有超过吸管弯管的最高点时，公平杯内的水不会流出。继续倒入水，当水位超过吸管弯管的最高点时，水会从弯头吸管流出，直到低于吸管弯管的最低处。如图6-6-6。

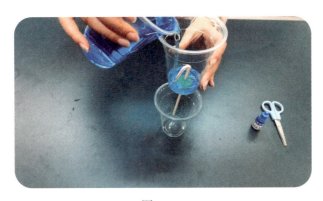

图6-6-6

🏅 **实验优点**

1. 神奇的实验现象可以让学生对这个看似违反常理的现象产生好奇心，激发他们对虹吸现象的探究兴趣。

2. 实验所需的材料都是学生生活中常见的，成本低廉，操作简单，学生可以很容易地完成公平杯的制作。

3. 学生在独立完成公平杯的制作后，可以继续尝试调整弯头吸管留在杯内的高度，反复尝试自流水情况；还可以以此为原型开发更美观、更实用的公平杯，提升动手操作能力和创新实践能力。

⬭ **注意事项**

1. 使用剪刀戳孔时需注意安全。

2. 戳出的孔大小要跟弯头吸管直径差不多，过大容易漏水。

 实验6-7　制作浮沉子

 实验目的

　　制作浮沉子，在捏放瓶子改变浮沉子沉浮状态的过程中，知道浮沉子的沉浮与它受到的重力和浮力大小有关，感受物体沉浮的神奇。

 设计意图

　　利用矿泉水瓶、吸管和回形针制作一个简易的浮沉子，可以观察到浮沉子在水中上浮和下沉。用力捏瓶子时，瓶内空气被挤压，气压增大，瓶中的水被压入浮沉子中，浮沉子变重，重力大于浮力而下沉；松手时，瓶中的气压减小，水从浮沉子中流出来，浮沉子变轻，重力小于浮力而上浮。

 **实验材料**

　　实验主要用到以下材料。如图6-7-1。

图6-7-1

实验过程

步骤一： 用剪刀剪一段吸管，并将吸管从中间对折，用回形针固定。如图 6-7-2。

步骤二： 将固定好的吸管放入装水的烧杯中，观察吸管顶端露出水面的高度。如图 6-7-3。

步骤三： 根据吸管露出水面的高度，采取剪短吸管或悬挂回形针等方式进行配重调试，使吸管顶端刚好露出水面。如图 6-7-4。

图6-7-2

图6-7-3

图6-7-4

步骤四： 将配好重的浮沉子放入装水的矿泉水瓶中，拧紧瓶盖。用力挤压矿泉水瓶，观察浮沉子的变化情况；松开矿泉水瓶，继续观察浮沉子的变化情况。如图 6-7-5。

图6-7-5

实验优点

1.实验材料简单易得，制作容易，学生可以很快投入探索的乐趣中。

2.通过挤压和松开矿泉水瓶，可以观察到浮沉子"沉浮自如"的现象，实验现象直观明了，能很好地激发学生对物体沉浮条件的思考。

注意事项

1.制作浮沉子需要多次调整配重，以吸管顶端刚好露出水面为宜。

2.矿泉水瓶内的水要尽量装满，这样实验效果会更好。

3.挤压和松开矿泉水瓶时，需要仔细观察和对比浮沉子吸管内的进水量。

实验6-8　吹出泡泡龙

 实验目的

体验吹出泡泡龙的实验过程，知道泡泡的形成与水的表面张力有关。

设计意图

吹泡泡是学生非常喜欢的活动之一，而透过浸有泡泡水的布片缝隙，可以吹出长长的、连在一起的、像龙一样的泡泡群，特别有趣。让学生用水、洗洁精等生活中常见材料来配制泡泡水，并比一比谁泡泡吹得多、吹得长，这有利于激发学生思考泡泡形成的原因，体验实验的乐趣。

 实验材料

实验主要用到以下材料。如图6-8-1。

图6-8-1

实验过程

步骤一：用橡皮筋将洗脸巾固定在纸杯口。如图 6-8-2。

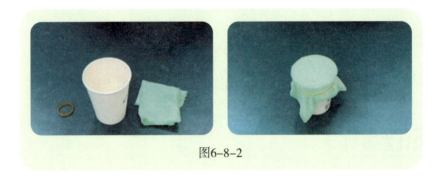

图6-8-2

步骤二：剪去纸杯底部。如图 6-8-3。

图6-8-3

步骤三：在塑料盘中加入大量洗洁精和极少量的水，搅拌均匀。如图 6-8-4。

图6-8-4

步骤四：根据自己的喜好将色素涂在洗脸巾上，再蘸取大量泡泡水。如图 6-8-5。

图6-8-5

步骤五：从纸杯底部用力吹气，观察泡泡龙的长度，并思考如何产生更多、更长的泡泡。如图 6-8-6。

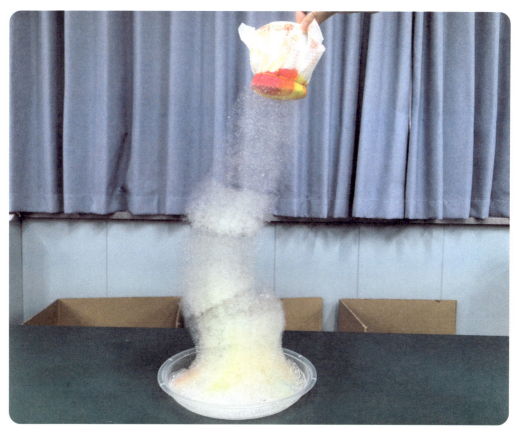

图6-8-6

实验优点

1. 该实验所用的材料都是容易获取的生活用品，制作过程简单，易于操作。

2. 学生亲自动手调制泡泡水，并在吹泡泡的过程中观察泡泡的形成，能直观地了解泡泡的特性。

3. 学生在探究如何让泡泡更多、更长的过程中，可以尝试使用不同的方法和材料，这有利于激发他们的创造力和想象力。

注意事项

1. 用橡皮筋固定洗脸巾时，应尽量扎得紧一点，避免使用时脱落。

2. 清水与洗洁精倒入塑料盘后，需搅拌均匀再使用。

实验6-9 **穿过A4打印纸**

 实验目的

通过裁剪 A4 打印纸使多人穿过纸张的实验，挑战常规认知，揭示出看似不大的纸在巧妙折叠与剪切后惊人的变化。

设计意图

本实验要求用剪刀将 A4 打印纸直接剪出一个闭合的大圈，使人能够顺利地从 A4 打印纸中间穿过。学生通过剪纸操作，可以发现形状的改变会对物体产生很大的影响，每一次裁剪都会扩大纸圈的周长，最终让人能轻松穿过一张 A4 打印纸。

 **实验材料**

实验主要用到以下材料。如图 6-9-1。

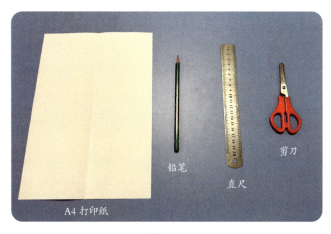

图6-9-1

 **实验过程**

步骤一： 将 A4 打印纸横向对折，用尺子和铅笔每隔 2 厘米在纸上画一条竖线，作为标记线。如图 6-9-2。

图6-9-2

步骤二： 沿标记线一上一下交错剪开，注意不要剪断。如图 6-9-3。

图6-9-3

步骤三： 把对折部分剪开，注意对折部分的首尾两端不剪断。如图 6-9-4。

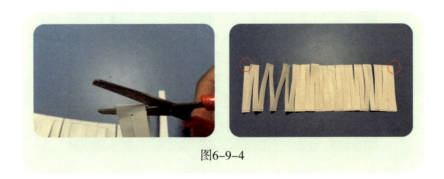

图6-9-4

步骤四：展开剪好的纸，尝试让身体穿过纸圈，并尝试获得更大的纸圈。 如图
6-9-5。

图6-9-5

实验优点

1.通过剪纸操作和观察，学生可以理解纸张形状的改变对纸圈大小的影响，
这有助于提升学生的动手实践能力，增强学生对几何形状的认识。

2.通过裁剪纸张制作一个闭合的大纸圈，然后让多人轻松穿过，这一过程十
分有趣。除此之外，还可以挑战裁剪出更大的纸圈，以激发学生进一步探究和学
习的兴趣。

3.实验材料常见且成本低廉，可以进行多次操作、观察和比较，有助于学生
加深对实验现象的理解。

注意事项

1.制作纸圈时，不能断开后再打结，也不能用胶水粘连。

2.在剪纸时，使用剪刀要小心，确保操作安全。

3.选择适合裁剪的A4打印纸，确保纸张质量良好且材质稍硬。